러시아의
감옥과 유형,
그   리   고
강제노동

러시아의 감옥과 유형, 그리고 강제노동

P. A. 크로폿킨 지음

김상원 · 김은희 옮김

목차

제1부

통제와 저항이 엇물리는 공간: 러시아 유형의 역사

1. 배제와 통제의 논리로서 추방과 유형

유형(流刑, exile)은 사회규범을 어긴 사회구성원을 물리적으로 제거하지 않는 대신에 사회로부터 배제하는 방식으로 제재하는 징벌 방법이다. 사형처럼 범죄자의 육체를 멸하는 방법을 취하지 않고, 사회구성원이 살아가는 중심공간으로부터 범죄자를 퇴출하는 방식으로 징벌을 가하는 방법은 크게 두 가지가 있다. 하나는 추방이고 다른 하나는 유형이다.

추방은 범죄자의 죄가 중할 경우, 그리고 향후 그의 행동이 사회공동체에 중대한 위해를 가할 것으로 예상될 경우 그 사람을 공동체의 공간 밖으로 강제로 내보내는 것을 말한다. 여기서 공동체에 해롭다고 판단된 사람이 어디로 향할지는 정해지지 않는다. 어디로 가서 어떻게 정착할 것인지는 추방당한 본인이 정하면 된다. 핵심은 공동체 밖으로 퇴출한다는 데에 있다. 따라서 추방은 징벌의 성격도 있지만, 그것보다는 앞으로 있을지도 모를 사회적 위험을 미연에 막는 예방의 성격이 강하다. 1917년 10월 혁명 이후 러시아에 불어닥친 추방의 물결이 이에 관한 구체적 사례가 된다. 반면 흔히 유배(流配)라고도 불리는 유형은 범죄자를 사회공동체의 공간 밖으로 강제로 내보낸다는 점에서는 추방과 같지만, 그 범죄자가 어느 공간에 머물러야 하는지, 그리고 어떤 방식으로 정해진 공간 내에서 살아가야 하는지를 명확하게 규정하고 있다는 점에서는 추방과 차이를 보인다. 그렇기에 유형은 범죄자가 저지른 죗값을 지불해야 한다는, 즉 징벌적 성격이 매우 강하다.

범죄자를 공동체의 공간에서 이탈시켜 징벌의 목적을 달성하고자 하는 전략은 역사가 오래됐다. 그 기원이 고대 그리스의 도시국가 아테네의 도편추방제로부터 시작되었다고 보기 때문이다. 조개껍데기 또는 조개껍데기와 비슷하게 생긴 그릇 조각이나 토기로 만든 그릇 조각을 의미하는 오스트라카(Ostraca)에서 파생된 도편추방제(Ostracophria 또는 Ostracism)는 기원전 6세기 후반 클레이스테네스가 만들었다는 것이 통설이다. 시민들이 아고라에 모여 국가에 해를 끼칠 위험한 인물의 이름을 도편에 기입하는 비밀투표를 실시하여 10년간 국외로 추방하는 제도이다. 도편추방제의 최초 희생자가 법안 창안자 클레이스테네스인지 당시 아테네의 참주였던 힙파르쿠스였는지는 논란거리이지만 도편추방제가 당시의 세도가들을 규제하기 위해 만들어진 것만은 분명하다. 참주정의 출현을 방지하고 민주정의 유지를 강화하기 위한 안전장치로서 도입되었던 도편추방제는 이후 정적 제거수단, 당파(黨派)의 무기로 활용되면서 그 원래 의미가 퇴색되어 기원전 4세기 초반에 폐지된다.

도편 추방에 사용되었던 도편

　도편추방제는 이름 그 자체에서 확인되듯이 추방의 성격을 띤다. 도시국가의 경우 통치역량이 미치는 공간 범위가 한정되다 보니 범죄자 또는 범죄를 저지를 것으로 예상되는 대상을 공간 밖으로 내보낼 수 있었을 뿐 어느 공간에 어떻게 거주하라고 한정하기에는 무리가 따랐다. 범법자를 공동체의 공간으로부터 분리하여 명시된 거주지에서 벗어나지 못하게 함으로써 징벌의 효과를 확보하려는 징벌체계로서의 유형은, 더욱 넓은 통치공간과 더욱 강화된 국가권력이 필요하다. 따라서 로마가 제국으로 자리 잡으면서 비로소 단순한 추방이 아니라 유형이 등장한다. 아우구스투스 황제가 성적으로 분방했던 딸 율리아와 그녀의 애인들을 섬으로 추방하고 그곳을 벗어나지 못하게 한 것이 유형의 형태를 띤 형벌의 시작으로 알려져 있다.

이렇듯 추방에서 유형으로의 변화는 국가권력의 확대과정과 연결된다. 유형에 필요한 넓은 공간을 효율적으로 통치하기 위해 확고한 사회규범이 필요하고, 이를 일관되게 집행할 수 있는 행정수단이 요구된다. 범죄자에게 죗값을 부가할 수 있는 분명한 규범을 설정하여 범죄자의 범죄행위를 특정하고, 그를 타 공간으로 이주시키며, 그 특정 공간 내에서 범죄자의 삶의 양태를 규정하고 감시한다는 것은 국가권력의 토대가 확실하지 않으면 실현 불가능하다.

로마를 거치면서 형벌의 한 형태로서 모습을 드러낸 유형은, 정치적 측면이나 기타의 이유로 사회에 해로운 사람들을 분리해 공동체를 지키고(행정적·정치적 유형), 인구가 적은 식민지에 정착시키며(강제적 식민지화), 범죄자들을 처벌하고 교화하려는(재판 유형) 목적으로 서양에서 근대가 끝나갈 무렵까지 유지되었다.

2. 손가락이 가리키는 곳: 노브고로드 '민회(베체)'

A.D. 862년 러시아가 역사에 기록된 시점부터 현재에 이르기까지 유형과 관련된 법체계는 다음과 같은 몇 가지 변화를 겪는다.

먼저, 고대 루시 시대, 특히 노브고로드 통치자의 추방과 관련된 내용이다. 노브고로드는 8세기 이전에 세워져 1471년 이반 3세에 의해 멸망할 때까지 유지되었던 유서 깊은 고대 러시아의 도시이다. 노브고로드의 법적 처벌은 독특하리만큼 온건했다. 1136년 민중혁명으로 권력의 중심으로 성장한 민회(民會, Veche)는 군주들과 수많은 협정을 통해 군주들의 활동과 권력 행사를 엄격하고 세세하게 제한했다. 노브고로드의 영토들은 시민들의 합의체인 민회, 즉 도시 전체에 의해 관리될 정도로 시민들은 상당한 자유와 자치를 누렸고 그에 따라 법적 처벌의 강도 역시 상대적으로 대단히 낮았다.

노브고로드의 법체계는 기본적으로 중재에 의존했다. 서로 싸우는 사람들에게 두 사람의 중재자를 지명하도록 하고, 이렇게 선정된 중재자 4명이 합의를 도출하여 갈등을 해결하는 중재를 통한 문제해결을 중시했다. 만약 합의에 이르지 못하면 비로소 재판이 열렸다. 때때로 결투가 올바른 문제해결의 방법으로 채택되기도 했다. 십자가에 입을 맞춘 뒤 실시되는 사법적 결투는 심지어 여자들 간에도 있었던 것으로 추측된다.

노브고로드에서는 사형이 없었다. 대신 징벌체계는 자유형, 신체형, 재산형의 양태를 보였다. 범죄자에게 벌금을 부과시키거나, 특히 중대한 경우에는 시민들이 마음대로 약탈하게 함으로써 재산과 소유물들을 상실하게 했다. 콧구멍을 찢거나 눈을 멀게 하는 신체적 훼손도 징벌의 방법으로 활용되었다. 콧구멍 찢기와 눈멀게 하기는 노브고로드의 전통적 방법이라기보다는 비잔틴의 형벌을 수용한 것으로 보인다(Ospennikov, 2016). 그리고 감옥에 가두거나 추방의 방법이 동원되기도 했다. 『노브고로드 연대기(Novgorodian Chronicle)』에 보면, 노브고로드 주민들이 공후(公侯)에게 반기를 들고 그에게 "손가락으로 방향을 가리켰다."라는 표현이 자주 나온다. 이는 공후를 추방하면서 그가 어느 방향으로 가야 하는지를 가리키는 것이다(한정숙, 2017). 노브고로드는 민회가 만장일치로 결정할 경우 자신들이 초빙한 공후라 할지라도 도시의 경계선 밖으로 축출했다.

노브고로드의 민회(베체) 회의
(민회의 상징인 '종'이 걸려있다)

3. 유형의 법제화: 〈수제브니크〉 보완 칙령

이렇듯 15세기 말에서 16세기 초까지는 범죄자에게 추방의 형태
로서 징벌을 가하는 것이 우세했다면 모스크바 공국이 전체 러시아
의 중심지로 확실하게 부상하는 16세기부터는 유형이 우세한 양상
을 보인다. 유형(exile, 러시아어로는 ssylka)이 처음으로 러시아 사법
체계에서 명문화된 것은 1582년 3월 12일 자 이반 4세가 공포한 칙
령(ukaz)에서였다.

이반 4세는 1549년 제1차 젬스키 소보르(zemskij sobor. 일종의 신분제 의회로서 전국주민회의)를 소집하여 분열된 국론을 통일하고, 1550년 새로운 법전 <수제브니크(Sudebnik)>를 통해 국가의 기강을 바로잡으려 했다. 반역과 같은 정치범죄, 뇌물수수·권력 남용 등과 같은 의무 불이행 범죄, 개인의 재산과 생명을 간섭하는 개인권 침해행위 등에 대해 사형을 비롯한 엄격한 법을 적용함으로써 강력한 법 집행 의지를 천명하였다. 이후 1582년 이반 4세는 1550년 '<수제브니크> 보완 칙령(dopolnitel'nyj Ukaz k Sudebniku)'을 발표하는데 거기에 궁정에 허위사실로 진정서를 내거나 소귀족들 사이에 불만 여론을 조장하는 자들을 "아래쪽 변방 도시로 유형(ssylka v ukrajnye i ponizobye goroda)" 보내라고 명시했다. 그리고 아래쪽 변방 도시들을 "셉스크, 쿠르스크, 또는 칙령이 정하는 다른 도시(Sebsk, Kursk i drugye po ukazu)"라고 밝히면서 유형 공간을 분명하게 특정했다.

이는 유럽 러시아 지역에 대한 모스크바 공국의 통치권이 완성되었음을 뜻하며, 이러한 강력해진 통치권을 바탕으로 권력투쟁에서 밀려난 대귀족이나 사회적으로 그렇게 위험하지 않은 정치범들을 배제하고 통제하는 수단으로 유형이 활용되었다는 것을 의미한다. 정치 행위로서 유형, 그리고 정착으로서 유형이 이반 4세 통치 시기를 거치면서 러시아 역사에 확고하게 자리 잡게 된다.

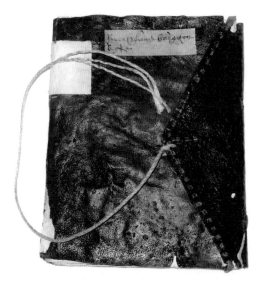

1550년 법전의 가죽 장전

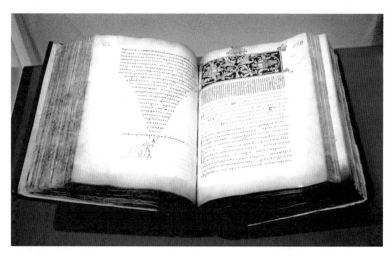

1550년 법전

4. 유형 공간의 아이콘 시베리아: 젬스키 소보르와 〈울로제니예〉

1649년 '전국주민회의 법전(Sobornoe Ulozhenie)'은 러시아 유형의 역사에서 획기적인 전환점이 된다. 이반 4세 이후 러시아는 폴란드의 내정간섭을 받는 등 국가의 존립 위기를 맞는다. 이 시기를 러시아 역사에서는 동란의 시대(smutnoe vremja. 1598~1613년)라 부른다. 말 그대로 혼란의 시대, 향후 전망을 내놓을 수 없는 어둠의 시대였다. 이 시기가 종식되고(1613년) 러시아에는 1917년 혁명 때까지 존속하는 새로운 왕조, 로마노프 왕조의 시대가 열린다. 따라서 1649년이란 신생 왕조가 막 형성되던 시기, 새로운 질서가 이제막 수립되던 시기였다. 차르 알렉세이(1645~1676)는 신생국가의 초석을 다지고자 1648년 '특별 젬스키 소보르'를 소집하고 여기서 1649년 '전국주민회의 법전'을 만들게 한다. 그리고 이를 바탕으로 1650년부터 행정과 사법제도를 개선하기 위한 일련의 조치들을 취한다.

1649년 '전국주민회의 법전'은 범죄행위를 8개 범주로 구분하였다. 신성모독·이교 숭배·예배방해 행위 등을 교회에 반하는 범죄로, 군주의 존엄 훼손·봉기·국가 배신행위 등을 국가에 반하는 범죄로, 허위 증거 제출·위조지폐 발행·미신고 술 판매 행위 등을 통치에 반하는 범죄로, 도주자 은닉·장물 매매·타인 재산 불법매매 등을 예의에 반하는 범죄로, 뇌물수수·업무상 위조 등을 직무에 반하는 범죄로, 절도·강탈·사기 등을 재산을 침해하는 범죄로, 여성의 음탕함·성 매매·불효 등을 도덕에 반하는 범죄로, 살인·폭력·명예 훼손 등을 개인권에 반하는 범죄로 규정하였다. 그리고 이러한 8개 범주의 범죄행위를 처벌하기 위해 생명형(교수형・참수형・능지처참・화형), 신체형(손 절단・낙인찍기・코 베기・태형), 재산형((벌금・재산 몰수), 명예형(신 분 박탈・강등・공개 질책), 자유형 등의 형벌 방법을 동원했다.

유형과 관련하여 '전국주민회의 법전'에서 주목할 것은 자유형이다. 범죄자의 자유를 구속하는 자유형은 3일부터 시작하여 무기한에 이르기까지 수감하는 금고형과 특정 공간에 범죄자를 유폐시키는 유형으로 나누어진다. 범죄자를 감옥에 가두는 금고형이나 공동체의 공간에서 축출하여 특정 공간에 체류시키는 유형은 고대 루시 시대부터 있어 온, 그리하여 별로 특별할 것이 없어 보이는 징벌 형태이다. 그런데 '전국주민회의 법전'은 러시아에서 처음으로 시베리아를 유형 공간으로 특정하고 있다. 바로 여기에 '전국주민회의 법전'이 러시아 형벌의 역사에서 차지하는 의의가 있다. 시베리아가 러시아 역사에서 처음으로 유형지로 설정되는 것이다.

러시아가 우랄산맥을 넘어 시베리아에 진출한 해는 1582년이었다. 이반 4세의 통치 시기에 카자크 백인대장 예르마크가 스트로가노프 집안의 후원에 힘입어 약 540명의 카자크 부대원을 인솔하여 시베리아 원정길에 올랐다. 처음에는 모피 획득이 목적이었으나 차츰 광물들이 발견되면서 러시아의 동진(東進)은 계속해서 추동력을 유지할 수 있었다. 그리하여 러시아는 1620년대에는 예니세이강, 1640년 무렵에는 레나강, 17세기 말에는 캄차카 원정대가 꾸려지면서 태평양까지 진출한다(이철, 1990).

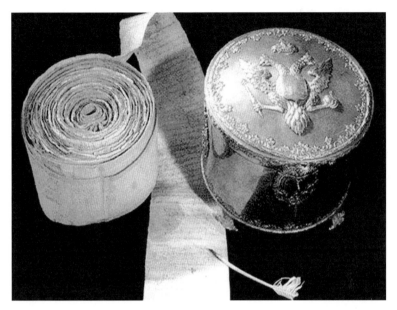

1649년 '전국주민회의 법전'

　한정숙 교수의 연구에 따르면, '전국주민회의 법전'에서 범죄자를 유형에 처하는 경우에 대한 언급은 열 군데 나온다. 유형 장소에 대해서는 시베리아 레나 강변처럼 구체적으로 언급된 조항이 있는가 하면, '군주가 명하는 곳(kuda Gosudar' ukazhet)'이나 국경도시처럼 유형 공간을 특정하지 않는 경우도 많다. 유일하게 시베리아를 유형의 공간으로 특정한 조항은 19조 13항이다. 이 조항에서는 모스크바 근교와 기타 도시의 근교에 거주하는 납세주민은 군주에게 소속된 존재인데, 이들이 다른 사람에게 자신을 저당 잡혀 지주에게 속해 있는 농민을 사칭하는 것은 중범죄에 해당한다고 규정하고는 이 같은 범죄를 저지른 사람들을 '시베리아로 유형을 보내 레나 강변에서 살게 한다.'라고 명시하였다.

여기서 흥미로운 점은 러시아의 통치력이 레나 강변에 이른 것이 1640년대인데, 1649년 법전에다가 레나 강변으로 유형을 보낸다고 명시해 놓은 것이다. 이는 다음과 같은 사실을 내포하고 있다.

첫째는 1620~1630년대 시베리아 유형이 일정 정도 이미 자리를 잡았다는 것이다. 유형지는 대단히 섬세하게 선택될 수밖에 없다. 사회적 위험요소인 범죄자를 특정 공간에 머물게 하는 것, 그리고 그 공간 안에서 정부가 원하는 행동을 하게끔 강제하는 것이 유형이다. 따라서 유형지는 범죄자를 중심가치로부터 배제하는 논리와 동시에 사회적 위험요소를 더욱 강하게 통제하려는 논리가 엇물리는 공간이다. 1649년 레나 강변이 러시아의 유형지로 선택되었다는 것은 이미 러시아의 통제력이 시베리아 지역에 미치고 있음을 뜻하는 것이다. 그렇지 않으면 사회적 위험요소를 관리할 수가 없기 때문이다.

둘째, 러시아 정부는 통치공간을 확대함과 동시에 이를 대내외적으로 천명함으로써 실효적 지배를 승인받고자 했다. 1640년대에 레나 강변을 통제하기 시작한 러시아 정부가 1649년 법을 통해 레나 강변을 유형지로 선택함으로써 국내는 물론 국외적으로 레나 강변이 러시아의 통치력이 미치는 공간 내에 자리함을 분명히 했다. 러시아의 동진 속도와 이에 대한 대내외적 승인 속도가 엇비슷하게 움직이고 있다. 러시아는 유형을 실효적 지배의 승인수단으로 활용했다.

셋째, 러시아가 시베리아라는 공간을 어떻게 바라보고 있는지를 알 수 있다. 유형은 기본적으로 형벌의 한 종류이다. 범죄자가 유형지에서 여유롭고 즐겁게 산다면 그것은 잘못에 대한 처벌이라는 형벌의 목적에 위반되는 것이다. 따라서 유형지는 생존에 굉장히 불리한 지역이어야 한다. 열악한 삶의 공간, 그리하여 그 자체로 유형수에게 고통을 안겨주는 공간이 시베리아다. 그뿐만 아니라 시베리아는 러시아에 식민지 개발의 공간이었다. 시베리아는 '부드러운 황금'이라 불렸던 모피의 공급처이자 지하자원의 보고이며 러시아의 통치력이 미치는 공간이지만 이를 실질적으로 개발할 인력이 부족한 장소였다. 왜냐면 인간이 살기에는 환경이 너무나 열악하기 때문이었다. 따라서 유형은 식민개발의 필요성을 충족시켜주는 좋은 방법이 되었다. 러시아 정부는 시베리아를 징벌의 공간이자 식민개발의 공간으로 파악했고 이를 적극적으로 활용한 것이 유형이 된다.

1649년 '전국주민회의 법전'은 농노제도를 완전히 러시아에 정착시킨 법률로도 알려져 있다. 농민(1861년 농노제 폐지 이전 일반적으로 농민은 '농노, 황실 영지 농민, 국유지 농민' 이렇게 크게 세 범주로 이루어져 있었다)은 지주에게 두 가지 책무를 졌다. 하나는 바르시나(barshchina)라 불리는 지주의 일을 해주는 강제부역이고, 다른 하나는 오브로크(obrok)라 명명되는 지주에게 현물 혹은 돈을 지불하는 것이다. 이러한 책무가 점점 강화되면서 지주로부터 탈주하는 농민-농노가 생겨났는데, 이들 탈주 농노들을 주인에게 돌려주는 것이 일반적이었다.

그런데 문제는 기간이었다. 16세기 말에는 5년이 지나면 탈주 농노를 주인에게 돌려주지 않아도 되었다. 반면 '전국주민회의 법전', 즉 '울로제니예'는 그 기간을 없애버렸다. 한번 농노는 영원히 지주에게 매인 몸이 되었다. 이러한 러시아 농민의 농노화를 법으로 규정한 '울로제니예'가 동시에 시베리아 유형을 법제화하고 있다는 점에 주의를 기울일 필요가 있다. 농노화의 고착이나 시베리아 유형의 정착은 주민에 대한 지배 권력의 통제가 막강해짐을 의미한다. 권력의 통제능력과 유형의 범위는 비례 관계에 있는 것이다.

5. 강제노동의 등장: 표트르 대제의 '강제노동'에 관한 칙령

표트르 대제(1682~1725)는 러시아의 체질을 전면적으로 바꾼 인물로 평가된다. 그런데 유형의 역사에서도 '울로제니예' 못지않은 중요한 변곡점으로 자리한다. 표트르 대제는 러시아 역사에서 처음으로 유형에 '강제노역'을 접목한 인물이었다. "단두대 형(plakha)을 선고받은 범죄자를 단두대 형에 처하지 않는 대신 죽지 않을 만큼 사정없이 매질하고 나서 아내와 아이와 함께 아조프해에 유형을 보낸다. 그리고 거기서 '강제노동(katorga na rabote)'에 처한다."라는 표트르 대제가 서명한 1699년 11월 24일 자 칙령은 러시아 역사에서 강제노동형의 서막을 알린 사건이다.

1699년 차르 칙령에서의 강제노동, 즉 카토르가는 '죄인의 육체적 움직임으로 작동하는 전함, 즉 갤리선'을 뜻한다(Margolis, 1995). 여기에 그 어원인 그리스어 kateirgon의 의미에 부합하는 '강제로 하다'의 영역이 결합하면서 '카토르가=죄수의 육체적 움직임+강제로 함'의 개념이 정립된다. 그렇게 해서 카토르가는 죄수들의 강제노동을 총칭하게 되었다(Applebaum, 2004).

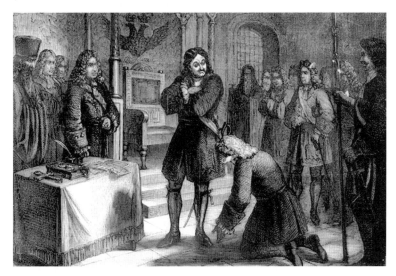

표트르 대제의 '강제노동' 칙령 공표를 묘사한 그림

 표트르 대제는 시쳇말로 누이 소피아와의 피비린내 나는 권력투쟁에서 승리하면서 제위에 올랐다. 이후 그는 터키와의 전쟁, 대북방 전쟁으로 알려진 스웨덴과의 전쟁을 연거푸 치렀다. 전쟁으로 점철된 그의 통치 시기는 결국 전쟁에서 승리하기 위해 어떻게 국가전략을 세워야 하는지와 직결된다 해도 과언이 아니다. 수많은 요새와 방어진지가 필요했고, 이를 운영할 수 있는 재정 및 행정 등의 국가 시스템 재정비가 요구되었다. 그리고 또 인력 동원도 문제였다. 요새와 도시를 건설하는 것은 결코 단순한 문제가 될 수 없었다. 엄청난 재원도 문제이지만 수많은 노동력을 일시에 확보해야만 가능하다는 난제를 안고 있었다. 이를 해결하는 방법으로 표트르 대제는 유형과 강제노역을 결합하는 전략을 선택했다. 유형은 요새와 방어진지, 변방 도시들을 건설하기 위해 죄수들을 강제로 이동시킬 수 있는 근거가 되었으며, 강제노동은 러시아 제국의 외딴곳을 튼튼한 방어기지로 전환하는 실질적 작업을 끌어냈다.

물론 요새 건설만이 강제노동의 적용대상은 아니었다. 표트르 대제의 통치 시기에 강제노동은 재정마련을 위한 국가개발 분야에도 적용되었다. 당시 러시아에서는 세 종류의 강제노동이 존재했다. 국가 소유 공장에서, 광산개발에서, 요새 건설에서의 강제노동이 그것이다. 이 가운데 1부류는 광산에서의 강제 노동(가장 힘들고 위험한 노동)으로 네르친스크와 예카테린부르크가 주요 유형지였다. 2부류는 요새에서의 강제노동이다. 3부류는 공장에서의 강제노동이다. 강제노동 죄수들은 손과 발에 족쇄를 차고 생활했으며 머리의 절반을 밀었다. 형기에 따라서는 두 종류의 강제노동이 있었다. 첫 번째는 영구 강제노동으로 노동은 죄수의 사망, 노쇠, 불구의 경우에만 중단되었다. 1707년 12월 19일 칙령에 따라서 노쇠하거나 불구가 된 죄수들은 수도원으로 보내졌는데, 그곳에서 그들은 족쇄를 차고 영원히 노동하며 지내야 했다. 그러나 이후 그들은 감옥에서 석방되어 정착 유형의 의미로 시베리아로 보내졌다. 두 번째는 소위 기간이 정해진 강제노동으로, 1721년 명령에 따라 강제노동형 죄수들의 형기는 과거 거주지에서의 형기를 고려하여 1년에서 20년까지 유동적으로 정해졌다. 형기를 마치면 다른 관계 법령에 따라 정착 유형에 처해졌다. 법은 또한 강제노동의 일정 기간을 마친 후에는 죄수의 수용조건을 완화해주도록 정하고 있는데, 족쇄를 차지 않아도 되었고, 감옥 밖에서의 거주도 허용되었다.

표트르 대제가 강제노동을 통해 국책사업에 인력을 동원한 근거로 한정숙 교수는 '복무자 국가(service state)' 개념을 제시한다. 공익에 근무하는 기구로서의 국가이념에 따라 죄수라 하더라도 국가의 이익을 위해 활용되어야 한다는 것이다. 표트르 대제는 귀족들에게 의무적인 국가복무를 부여했다. 일정 기간 귀족들은 의무적으로 국가에 봉사해야 했다. 마찬가지로 모든 국민은 국가에 봉사해야 한다. 여기에 죄수들도 예외가 될 수 없다는 이야기이다.

반면 A. 애플바움은 광대한 러시아 북부와 동부지역의 인구 부족과 러시아 제국의 개발이라는 경제적 문제를 해결하기 위한 전략으로 표트르 대제가 유형과 강제노동의 결합 방식을 채택했다고 말한다. 두 의견 모두 설득력이 있다. 하지만 중요한 것은 복무와 개발이라는 근거를 들어 도입된 강제노동이 향후 러시아 역사에서 수많은 불편한 진실의 출발점이 되었다는 사실이다. 악명 높은 집단수용소의 서막을 알린 1928년 제1차 경제개발 5개년계획을 시행하기에 앞서 공산당 중앙위원회 총회에서 스탈린은 이렇게 말했다. "(근대로 발돋움하는 과정에서) 진보된 서양의 제 국가들과 경쟁하기 위해 러시아는 강력한 군대와 국가방위능력이 필요했다. 표트르 대제는 이러한 필요를 충족하기 위해 무기제작소와 공장을 건설하기 위해 열광적으로 노력했다. 그것은 아주 특별했다." 사회주의 국가 건설이라는 지상 명제를 달성하기 위한 노정에서 소비에트 러시아 앞에 수많은 사람의 목숨을 앗아간 비인간적 강제노동이 기다리고 있었으며, 그 시작에는 사람들이 얼마나 희생되었는지 헤아리기조차 어려운 표트르 대제의 국가건설 사업이 있었다.

6. 유형의 확대: 엘리자베타 여제의 사형제 폐지

표트르 대제 이후 18세기 제정 러시아에서 유형과 관련하여 언급될 수 있는 여러 가지가 있을 수 있겠으나 그중에서 반드시 서술하고 넘어가야 할 인물이 엘리자베타 페트로브나 여제이다. 엘리자베타 여제의 재위 기간은 1741~1762년으로, 표트르 대제 사후 1725년부터 예카테리나 여제가 집권하는 1762년까지 약 40년 동안 6명의 황제가 교체되는 상황을 고려할 때 상대적으로 통치 기간이 긴 황제였다.

러시아를 통치하는 동안 황실의 러시아화를 주도한 엘리자베타 여제는 유형과 관련하여 두 가지 유의미한 행동을 취한다. 하나는 사형제 폐지이다. 엘리자베타 여제의 명령에 따라 원로원은 1754년 9월 30일 사형제 폐지에 대한 명령(senatskij ukaz)을 공표한다. 실제로 러시아에서 사형제를 영원히 폐지한 것은 아니었지만 앞선 황제였던 안나 여제(1730~1740)의 잔인한 사형집행에 반기를 들고 진심으로 사형제의 폐지를 바랐던 엘리자베타 여제의 노력은 아이러니하게도 시베리아 유형이 확대되는 계기가 된다. 사형을 면제하는 대신 강력범죄를 처벌하고 범죄율을 낮추거나 범죄를 예방하기 위해서는 사형 못지않은 혹독한 처벌이 요구되며, 그것이 바로 시베리아 유형이었다.

유형은 범죄자를 특정 공간으로 보내는 것이다. 그런데 단순히 유형수를 유형지에 보내는 것이 아니다. 유형지로 보내기에 앞서 범죄자에게 반드시 신체형을 가한다. 채찍질이 일반적이었다. 그런데 사형이 폐지되고 시베리아 유형이 그 자리를 대신하면서 유형지로 보내기 전에 수행되는 신체형이 더욱 강화되었다. 귀 자르기, 콧구멍 찢기, 낙인찍기 등은 이전 시기에도 유형수에게 가해져 왔지만, 사형제가 폐지되면서 그 강도가 더욱 심해진 것이다. 태형, 콧구멍 찢기형, 낙인 찍기형이 동시에 행해지기도 했다. 그렇게 신체적 고통을 당한 다음, 유형수는 시베리아라는 극한의 환경 속으로 추방되는 것이다. 그것도 영구적으로. 그래서 20세기 러시아의 저명한 작가 솔제니친은 『수용소군도』에서 사형을 시베리아 영구유형으로 대체한 엘리자베타 여제의 정책이 과연 인도적이었는지 질문을 던진다. 여기서 우리에게 중요한 것은 엘리자베타 여제의 사형제 폐지가 진정한 의미에서 인도적이었는가 하는 점을 따져보는 것이 아니라 사형제 폐지가 시베리아 유형이 확대되는 시발점이 되었다는 것이다.

엘리자베타 여제(제위 1741-1762)는 '사형제 폐지' 칙령을 발표하였고 재위 기간에 단 한 건의 사형집행도 없었다

유형과 관련하여 엘리자베타 여제가 취한 두 번째 유의미한 정책은 지주들이 임의로 자신의 농노를 시베리아로 보낼 수 있게 허락한 1760년 12월 13일 자 칙령이다. 이를 통해 지주는 농노들로부터 절대적 복종을 끌어냈다. 지주들의 자의적 결정으로 시베리아로 유형을 떠나게 된 농민은 주로 서시베리아 지역에 배치되었으며, 1765년 1월 17일 자 예카테리나 여제의 칙령을 통해 이러한 지주의 자의적 권력 행사는 다시금 인정되었다. 이러한 사건은 시베리아 유형이 국가가 공식적으로 인정한 법률에 의거 수행되는 것이 아니라 임의로 이루어질 수도 있다는 점에서 중요하다. 특히 마을공동체가 특정인을 다른 사람들에게 나쁜 영향을 준다고 결정하여 그의 재산을 마을 사람들이 나누어 갖고 그와 그의 가족을 마을 밖으로 내보낼 수 있도록 허락한 1736년 법(만약 마을 밖으로 추방된 자가 다른 거주지를 발견하지 못하면 지방 행정부는 그를 유형지로 보낼 수 있었다)에 이어, 지주가 농노들을 마음대로 시베리아 유형에 처할 수 있게 허락한 1760년 칙령이 발표되면서 농민들의 시베리아 유형은 상시적인 것이 되었다. 이렇듯 지주나 마을공동체, 그리고 행정기구가 시베리아로 유형 보내는 제도를 특별히 '행정 유형'이라고 부른다. 법원 판결로 시베리아 유형 여부가 결정되는 것이 아니라 법적 근거가 없더라도 행정적 판단으로 시베리아 유형이 가능해졌다.

지주가 농민을 유형에 처하는 제도는 1811~1812년에 공식적으로 철폐되었다. 그러나 19세기에도 여전히 남아 있었으며 더 큰 문제는 그것이 20세기에도 여전히 유효했다는 것이다. 스탈린은 엄청난 숫자의 집단수용소를 운영하기 위해 대규모 민족 강제이주, 부농 강제이주, 전쟁포로와 송환자의 강제이주 등을 활용했는데, 이때 그

많은 사람을 일일이 재판에 회부할 수 없었던 나머지 행정적 판단에 의거 강제이주를 시행했다. 스탈린의 정책을 강력하게 수행한 집단인 비밀경찰(NKVD)의 자의적 판단은 그냥 나타난 것이 아니라 러시아 역사에 그 뿌리를 내리고 있었던 셈이다.

7. '정치범'과 사회 변혁: 19세기 러시아 유형의 모습

예방적 조치로서의 추방에서 징벌적 성격의 유형으로의 변화, 러시아 남부와 북부를 지나 종국에는 시베리아가 유형지로 편입되는 과정, 징벌 공간이자 식민지 개발 공간으로서의 시베리아의 위상 정립, 유형에 강제노동을 결합하는 정부 전략 수립, 시베리아로 유형수의 대량 유입, 이러한 과정들이 총집결된 것이 19세기 러시아 유형의 모습이다. 이제 19세기를 지나면서 러시아 역사에서 시베리아는 유형과 불가분의 관계에 놓인다.

19세기 러시아 유형의 역사에서 가장 두드러진 현상은 소위 '정치범'이라고 불리는 반정부 지식인 계층이 대량으로 등장한 것을 꼽을 수 있다. 1825년 12월 데카브리스트 반란은 제정 러시아에 충격을 안겨주었으며 이 반란과 관련하여 핵심주모자들을 사형에 처하고 핵심참가자들을 시베리아로 유형을 보낸 것은 19세기 러시아 역사가 어떻게 흘러갈 것인지를 단적으로 보여주는 사건이다.

제정 러시아를 뒷받침하는 핵심지지 세력으로 인식되던 귀족계층이 제정 러시아의 정체성을 전복하려고 시도한 것은 황제와 그 친위세력에게는 충격이었을 것이다. 그러나 깨어있는 지식인 계층에게 정치적으로는 전제정을, 경제적으로는 농노제를 19세기에도 여전히 유지하고 또 계속해서 유지해 나가려 하는 정부를 인정한다는 것은 있을 수 없었다. 1755년 모스크바 대학이 만들어지면서 근대적 지식인이 성장할 수 있는 기틀이 마련되었고, 30년 뒤인 1785년 예카테리나 여제의 귀족 해방령을 통해 귀족들은 의무적인 국가봉사로부터 자유로워졌으며(물론 귀족 해방령은 곧바로 폐지되고 귀족들의 국가봉사는 계속 요구되었지만), 다시 30년 뒤인 1815년 나폴레옹과의 전쟁(러시아에서는 조국 전쟁이라 명명됨)을 통해 유럽의 실상을 직접 목격한 귀족-지식인 계층은 비민주적인 전제정과 비인간적인 농노제를 받아들이기 어려웠다. 현실개혁 요구는 당연하였으며 이러한 의지와 행동의 표출이 전제정치를 전복하고 입헌군주제를 목표로 한 데카브리스트 반란이다.

1825년 12월 데카브리스트 반란

데카브리스트 반란은 실패했고, 그 결과 600여 명이 체포되어 주모자급 5명은 교수형에, 116명은 시베리아 유형을 선고받았다. 116명 가운데 31명은 종신유형, 85명은 장기유형이었다. 31명 종신유형자들도 처음에는 사형을 언도 받았으나 차르에 의해 감형을 받은 것이다. 그리고 유형은 당연히 강제노동형, 카토르가였다.

그런데 데카브리스트들의 유형은 유형수에 대한 세간의 인식을 바꾸어 놓았다. 유형수는 범죄자이다. 당연히 사회의 규범을 어긴 자들이며 그래서 벌을 받는 것은 사회적으로 너무나 당연한 것으로서 시베리아 유형수에게 연민의 감정을 가져야 할 하등의 이유가 없다. 범죄자가 그 자신이 저지른 죗값을 받는데 무슨 동정과 연민이 필요하겠는가. 이러한 생각이 당시까지 유형수에 대한 지배적인 생각이었다. 물론 그들의 고통에 대해, 죄는 미워하되 사람은 미워하지 말라는 말이 있듯이, 조금의 측은지심을 가질 수 있으나 그것은 어디까지나 제한적일 수밖에 없다. 그러나 데카브리스트들의 유형은 달랐다. 데카브리스트들이 시베리아 광산에서 평생에 걸쳐 강제노역에 시달려야 하는 이유는 자신의 이기적 욕망을 충족하기 위한 것에서 비롯된 것이 아니다. 사회를 보다 건전한 방향으로, 가지지 못한 자들이나 사회적 하층민들의 인간적인 삶을 확보하기 위한 이타적 행동의 결과로 그들은 시베리아로 향하게 된 것이다. 따라서 시베리아 유형수들, 특히 정치범 유형수들에 대해서 민중들 사이에 '수난자'라는 의미가 덧붙여졌으며, 정치범들을 자신들과 다른 고귀한 존재로 인식하는 분위기가 형성되었다.

그들(정치범-필자) 가운데 현존하는 악과 투쟁하는 것이 자기의 의무라고 생각한 결과 혁명가가 된 사람도 있었지만, 이기적인 허영심으로 그런 행동을 택한 자도 있었다. 그러나 그들의 대부분은, 네흘류도프도 전시 중 체험을 통해 잘 알고 있지만, 위험과 모험을 통해 자기의 생명을 희롱하며 즐기는 극히 평범한, 혈기왕성한 청년 시절 특유의 감정에서 혁명에 뛰어든 사람들이었다. 그들이 보통 사람과 다른 점은 그들 사이에 있어서의 도덕적 요구가 보통 사람들이 살아가는 사회가 인정하는 것보다 한층 더 높다는 것이었다. 그들 사이에서는 절제와 엄격한 생활, 성실, 무욕 같은 것을 의무로 생각할 뿐만 아니라 공익을 위해서는 모든 것과 자신의 생명까지도 희생할 것을 의무로 생각하고 있었다.

　　위 인용문은 톨스토이의 『부활』에서 주인공 네흘류도프가 생각한 정치범에 대한 견해를 발췌한 대목이다. 정치범들은 흔히 주변에서 볼 수 있는 청년들이지만 그들이 가지고 있는 도덕성, 희생정신, 절제의 자세 등은 보통 사람의 윤리적 기준보다 훨씬 더 고귀한 것이라고 톨스토이는 밝히고 있다. 톨스토이의 견해가 곧 19세기 전체의 의견을 압축하는 것은 아니라 하더라도 정치범에 대해 분명히 엄존하는 사회적 의식을 반영하는 것이기도 하다. 이제 시베리아 유형수는 단순한 범죄자이기 전에 사회를 바꾸기 위해 자기를 희생한 순교자의 이미지를 갖는다.

　　사회를 변혁하려는 노력은 19세기 동안 꾸준히 이어졌고, 점진적으로 확대되는 성격을 띠었다. 계속해서 지식인들은 사회 내에서 축적되어 갔으며, 서구와의 접촉면 역시 확대되었고 반정부 성향의 사회적 여론 역시 점차 강화되었다. 19세기 러시아 역사는 사회 변혁의 목소리에 대하여 정부가 대응해 간 과정으로 정리된다고 말해도 큰 무리가 없다. 그리고 그 말은 곧 시베리아 유형수에서 정치범의 비율이 늘어간다는 것을 의미한다. 그에 따라 시베리아 유형을 객관적으로 인식하려는 사회적 의식도 커졌다. 왜냐면 시베리아 유형 자체가 러시아 현실이 가지고 있는 문제적 상황을 압축하여 보여주는 것이기 때문이며, 유형에 처해진 사람들이 문자를 소유하고 문자의 힘을 활용할 줄 하는 지식인 자신들이거나 아니면 그 친구들이었기 때문이다.

시베리아 유형에 대한 통계를 러시아 최초로 수집하여 정리한 아누친, 데카브리스트 시인들과 그들을 친구로 둔 푸시킨, 유형을 직접 경험한(유형지가 시베리아든 아니든, 그 기간이 길든 짧든) 고골·투르게네프·악사코프·도스토옙스키·체르니솁스키·크로폿킨·바쿠닌, 그리고 유형을 직접 경험하지는 않았으나 시베리아(사할린을 포함하여) 유형에 대해 고민하고 글을 남긴 톨스토이와 체호프. 정치에서부터 문화에 이르기까지 19세기 러시아의 사회적 담론은 직간접적으로 시베리아 유형과 잇닿아 있다. 그중에서 특히 19세기 러시아문학은 시베리아 유형과 뗄 수 없는 관계에 있다. "차리즘이 영원히 파묻혀버린 이유는 러시아 작가들이 헌병이나 순경을 조금이라도 호의적으로 묘사하면 그것은 극우 반동주의적 아첨이라는 견해가 러시아문학에 정착했기 때문이다."라는 『수용소군도』에서 솔제니친의 언급은 러시아문학이 반정부적이고 비판적인 사회여론과 얼마나 직결되어 있으며 그리고 비판적 사회여론을 형성하는데 얼마나 기여했는가를 보여준다. 19세기 러시아문학은 시베리아 유형과 대단히 밀접한 관계를 맺고 있었다.

19세기 말 유형수들의 모습

8. 수용소군도: 20세기 러시아 유형과 국가 정체성

1900년 6월 12일에 공표된 법령에 의거 일반 형사범의 시베리아 유형((obshcheugolovnaja ssylka v Sibir')은 폐지되었다. 중앙감옥관리본부(Glavnoe tjuremnoe upravlenie)의 기관지『감옥 통보(Tjuremnyj vestnik)』는 1900년 6월 12일 자 법령에서 시베리아 유형과 관련된 내용을 이렇게 정리했다.

"유형은 정당하지도 않을 뿐만 아니라 시대착오적인 사법적 징벌이었다."

유형은 정당하지 않다는 것이 1900년, 여전히 차르가 지배하던 러시아의 시대적 인식이었다. 그런데 아이러니하게도 차르 체제를 무너뜨리고 노동자·농민의 세상을 표방했던 소비에트 러시아가 성립되면서 유형이 더 강화되고 강력해졌다. 1917년 10월 혁명 이후

레닌이 이끄는 소비에트 신생 정부는 대내외적으로 수많은 난관에
직면했다. 인류 역사상 처음으로 사회주의 이념을 표방하는 국가가
탄생했으니 많은 어려움에 봉착한 것은 어쩌면 당연할 터이다. 그것
도 준비가 덜 된 상태에서 갑작스럽게 소비에트 체제가 만들어졌으
므로 신생 정부의 어려움은 배가 되었을 것이다. 레닌은 대외적으로
는 제1차 세계대전으로부터 슬기롭게 발을 빼야 했으며, 강대국들의
내정간섭을 결단력 있게 물리쳐야 했고, 동시에 소비에트 정부에 비
우호적인 세계 여러 나라로부터 국가승인을 얻어내야 했다. 대내적
으로는 사회주의 이념에 입각한 국가건설을 추진해야 했으며, 이 과
정에서 반대파들을 물리치고 정부의 권력을 확고하게 다져야 했고,
기아와 내전을 거치면서 피폐해진 국가 경제를 재건해야 했다.

구소련 수용소의 내부

구소련 수용소의 강제노동

　20세기 소비에트 러시아의 지도자들이 어떻게 사회주의 국가를 건설하고 유지해 나갔는지와 관련해서는 별도의 논의가 필요하다. 그뿐만 아니라 우리의 논의와 연결되는 주제인 20세기 러시아 유형과 추방 그리고 수용소에 대해서도 수많은 논의가 가능할 것이다. 체포에서부터 수용소 생활에 이르기까지 어떤 과정을 거쳤으며 이를 경험한 사람들의 삶의 자세는 어떻게 바뀌었는가와 같은 개인적 차원의 문제에 대한 논의, 수용소의 법적 근거와 운영원리라는 사법적·행정적 공권력 집행에 대한 논의, 수용소와 소비에트 권력의 관계에 대한 논의, 수용소에 대한 러시아의 비판적 지식인들의 태도에 대한 논의, 수용소와 20세기 러시아 문화의 상관성에 대한 논의, 수용소가 소비에트 러시아에서 차지하는 경제적 위상에 대한 논의, 수용소로 대변되는 소비에트 러시아의 국가 정체성에 대한 논의, 세계 각국의 정치범 수용소를 비교해 보는 논의, 수용소로 대변되는 현대 사회에서의 국가통제의 성격에 대한 일반화된 논의 등, 따져보고 살펴보아야 할 논점은 많다. 여기서는 20세기 러시아의 수용소, 특히 스탈린 집권기의 수용소를 중심으로 몇 가지 특징을 정리해 보자.

먼저, 20세기 러시아 유형과 강제노동, 그리고 수용소의 성립은 기본적으로 사회주의 이념과 연결되었다는 점이다. 마르크스가 <고타강령비판>에서 말하는 노동의 신성성은 착취와 피착취의 논리 속에서만 작동하는 것이 아니라 인간을 개조하는 수단으로서의 신성성도 동시에 갖고 있다. 따라서 레닌은 노동을 통해 반대파들을 개조하려고 했다. 10월 혁명 후 혼란스러운 시기에 총살과 같은 즉결처분의 사례도 많이 나타나지만, 집단수용소를 만들고 여기서 육체노동을 실시함으로써 노동의 가치를 인식하는 호모 소비에티쿠스(Homo Sovieticus)로의 전환을 모색한 것은 자연스러운 생각이었을 것이다. 소비에트 신생 정부의 최고 이론가 중 한 사람인 트로츠키 역시 이미 1918년 집단수용소가 필요하다는 태도를 견지하고 있었다.

둘째, 수용소의 수감은 특정 상태에 있는 사람들을 대상으로 하여 대규모로 이루어졌다는 점이다. 19세기까지 러시아에서 수용소에 수감되는 사람들은 사회규범을 어긴 범죄자였다. 대부분은 개인들이었으며 집단이라 하더라도 소규모(규모는 상대적 개념이다. 여기서 소규모라는 말은 20세기 현상과 비교했을 때의 상황이다. 분리파 교도라든가, 폴란드 봉기 참여자들은 물론 제정 러시아 시대에서도 집단으로 강제이주 되고 유형에 처해졌다)였다. 반면, 20세기 러시아에서는 특정 계층에 속한다는 이유만으로 수용소행이 결정되기도 했다. 부농에 속한다거나 특정 지역의 특정 민족에 속한다는 이유가 수용소에 수감되어야 하는 근거가 되었다. 솔제니친식으로 표현하면, '범죄의 개념이 바뀐 것'이다. 사회주의 가치에 부합하는 않는 계층이나 사회주의 가치를 거부하는 민족(독립을 요구하는 소수민족)은 그 자체로 수용소에 수감되어 개조되어야 할 대상이 되었다. 이렇듯 특정 계층이나 특정 민족이 수감 대상이 되면서 그 단위는 대규모로 바뀔 수밖에 없다. 적게는 수만 명에서 많게는 수십만 명에 이르는 사람들을 한꺼번에 강제이주 시키고 노동에 투입했다. 인류역사 전체를 놓고 보더라도 이러한 대규모 강제이동이 짧은 시기에 그것도 빈번하게 일어난 경우는 쉽사리 찾을 수 없을 것이다. 그러다 보니 일일이 사법적 절차를 밟을 수 없었다(그리고 그들은 무엇인가 잘못을 저지른 죄인도 아니었다). 강제이주의 승인이 행정절차에 의거해서 이루어진 이유 중 하나를 여기서 찾을 수 있다.

셋째, 소비에트 러시아의 유형과 집단수용소를 통해 정치범에 대한 인식이 바뀌었다. 19세기까지만 해도 정치범들은 '수난자', '자유와 평등을 위해 자신을 희생한 사람들'이라는 인식이 있었다. 그래서 간수나 교도소장도 정치범들을 함부로 하지 못했으며, 일반인이나 형사범들도 정치범을 인정하는 분위기가 형성되어 있었다. 그러나 소비에트 러시아에서는 상황이 바뀌었다. 소비에트사회주의공화국연방, 즉 소련은 노동자와 농민, 다시 말해서 인민을 위한 세상을 표방했다. 소비에트 러시아에서는 정치범은 있을 수 없다는 것이 당의 공식 입장이었다. 따라서 인민의 정부에 위해를 가하는 자들은 '인민의 적'에 불과했다. 최소한 그런 식으로 여론이 형성되었다. 특히 1926년 148개 조로 이루어진 소비에트 형법이 공표되고 이들 조항 가운데 제58조가 맹위를 떨치면서 이 조항에 해당하는 자들, 흔히 정치범이라 규정된 자들은 '반역자·간첩·반혁명파괴분자'라는 꼬리표를 달아야 했다. 그리고 나중에는 '쓰레기·해충·오물' 등으로 호명되면서 사회에서 영구추방되어야 할 '인민의 적'이 되었다. 그러니 그들에게 부과되던 노동이 어떻게 인간적일 수 있겠는가. 그들이 어떤 대우를 받았는가를 감히 예단하기 어렵다. 이 과정을 경험하고 살아남아 우리에게 당시의 이야기를 풀어놓은 바를람 샬라모프의 『콜리마 이야기』와 알렉산드르 솔제니친의 『수용소군도』는 시대 고발을 넘어 인간의 생존과 본성에 대한 성찰이 된다.

9. 통제를 넘어 자유로: 유형을 바라보는 현대의 시각

스탈린 사후 1955년에 집단수용소는 폐지되었다. 그러나 앤 애플바움의 증언처럼, 정치범 수용소는 여전히 살아남아 1970~1980년대를 보냈고, 고르바초프의 개혁과 개방의 시기를 지나서야 종적을 감추었다. 이것이 일반적으로 통용되는 견해이다. 하지만 정말 그러한 것인지는 따져보아야 한다. 『감시와 처벌』에서 푸코가 말하고 있듯이, 근대 권력의 감시망은 훨씬 넓어졌으며 그 방법 역시 훨씬 더 교묘해졌다. 가시화된 '정치범' 수용소가 사라졌다고 해서 정치범이 사라진 것은 아니며, 정치범 '수용소'가 사라졌다고 해서 권력의 통제욕이 사라진 것은 아니다. 권력의 통제로부터 인간의 본원적 자유를 되찾으려는 노력은 권력이 존재하고 통제가 존재할 때까지는 사라질 수 없으며, 역설적이게도 그래서 권력의 통제는 여전히 있게 된다. 보이지 않기 때문에 더 열심히 찾아보려는 노력이, 푸코가 최종적으로 말하고 있듯이, 자유를 얻어내기 위해 근대인에게 필요한 덕목이다.

제2부

P. A. 크로폿킨의
『러시아의 감옥과 유형,
그리고 강제노동』

1. 러시아 감옥

러시아의 모든 징벌 제도가 마땅히 그러해야만 하는 것과는 거리가 멀고, 본질적으로 러시아의 모든 제도는 범죄자를 다루는 현대 이론에 뚜렷이 모순된다고 유럽 사람이라면 누구나 이구동성으로 말한다. 탈리오 법칙(Lex Talionis. 동해보복법(同害報復法)),[1] 즉 사회가 범죄자에게 보복할 권리라는 원칙은 더 이상 용인될 수 없다. 그런데 우리는 영웅들이 영광을 쌓는 데 사회가 일정 부분 역할을 했다고 여기듯이, 발생한 죄에 대해서도 사회가 총체적으로 책임을 져야 한다는 확신에 이르렀다. 우리는 범죄자를 정화하고 교화한다는 목적으로 범죄자로부터 자유를 빼앗는다. 이론적으로만 보면 늘 있는 통상적인 일이다. 그러나 주지하다시피 현실은 이상과 혐오스러울 만큼 모순 관계에 있다. 살인자는 그저 형리의 손에 넘겨질 뿐이다. 감옥에 갇힌 사람은 삶의 방식이 바뀌었다고 해서 절대 교화되지 않을 뿐만 아니라 감금 때문에 감옥에 들어가기 전보다 더욱더

---

1) '눈에는 눈, 이에는 이'로 대변되는 복수법칙을 말한다.

악질적이고 습관적인 사회의 적이 되어버린다. 치욕스러운 여건에서 굴욕적인 노동을 강요받고 나면 그는 어떤 노동이라도 무조건 혐오감부터 느끼게 된다. 사람을 범죄자로 만드는, 다시 말해서 처벌하겠다고 법이 규정한 범죄 유형에 사람을 쑤셔 넣는 특별한 상황들로부터 멀리 떨어져 삶을 살아가는 사람들이 일방적으로 강요한, 인간이 상상할 수 있는 모욕이란 모욕을 모두 경험하고 나면, 그는 자신을 모욕한 사회 계급을 증오하는 법을 배우게 되고 그의 증오는 사회에 대한 새로운 적대적 행위들로 표출된다. 이처럼 서유럽 징벌제도도 자신의 존재를 정당화하려는 의도를 실현할 수 없었는데, 하물며 러시아의 징벌 제도에 대해서는 무슨 말을 할 수 있겠는가? 믿을 수 없는 장기간의 예비 구속, 끔찍한 수감생활 조건, 더럽고 비좁은 감방에 수감된 수백 명 죄수의 무리, 실제로 전능한 간수들의 습관화된 비도덕적 행위들. 간수들이 하는 일이라곤 겁박하고 억압하는 일뿐이다. 그리고 국가가 잘 지켜주라고 그들에게 위임한 사람들에게 국가가 할당한 얼마 안 되는 푼돈, 법으로 죄수에게 주라고 규정해 놓은 그 형편없는 돈을 훔치는 것이 간수의 일이다. 인간이라면 반드시 있어야 할 정신적 안정 유지조치는 절대적으로 부족하고, 노동은 없으며, 인간의 존엄성에 대한 후안무치한 멸시만이 판치고, 수인들은 육체적으로 약해져 간다. 이것이 러시아의 감옥 생활이 보여주는 특징적인 모습들이다. 이렇게 된 이유는 러시아 징벌 제도의 근간을 이루는 원칙들이 서유럽의 그것들보다 더 나빠서가 아니다. 나는 오히려 반대로 생각한다. 죄인에게는 시베리아에서 유익한 노동을 수행하는 것이, 밧줄을 꼬거나 바퀴 계단을 기어오르면서 인생을 보내는 것보다는 덜 모욕적일 것이다. 그리고 만약 두 죄악에서 더 가벼운 죄를 고른다면, 살인자를 태연하게 형리의 손에 넘겨주는 것보다, 금광에서 땅 파는 노동자로 만들어서 몇 년이 지나면 그를 자유 정착민으로 변화시키는 것이 더 인간적일 것이다. 그러나 러시아에서는 이런 구상들이 실재에서 구현되지 못하고 계속 변질되고 있다. 러시아의 감옥이나 징벌 유형을 법에 따라서 마땅히 그래야만 했던 그런 관점에서가 아니라 실제 현실에서 감옥이나 징벌 유형이 어떻게 나타나고 있는가를 살펴본다고 가정해 보자. 그러면 러시아의 감옥을 연구한 가장 탁월한 러시아 국내 연구자들이 내렸던 결론, 즉 현재 러시아의 감옥과 징벌 유형은 인간성 유지에 필요한 최소한의 기준마저 위반하고 있다는 결론에 동의하지 않을 수 없다.

최근[2] 영국과 미국에서 대단히 긍정적으로 러시아 감옥을 그려보려는 시도가 몇몇 있었다. 그들 중 영국의 렌스델[3]과 미국의 케넌[4]이 가장 눈에 띈다. 케넌은 오베를랜드 전신회사 직원으로 근무하면서 오호츠크해 근처에 머물렀는데, 그곳에서 시베리아 감옥들과 죄수들에 대한 정보를 얻었고 이를 기반으로 시베리아 유형에 관한 책을 집필했다. 그런데 오호츠크해는 시베리아 유형 시설들로부터 어림잡아도 수천 베르스타[5]나 떨어져 있다. 그런 사정이고 보니 그가

---

2) 1883년에 쓰인 것이다.

3) Henry Lansdell(1841~1919). 영국 출신의 성직자이며 탐험가이자 저술가. 주로 중앙아시아, 러시아의 시베리아 지역 등을 여행하여 저서를 남겼다. 주요 저서로는 『Through Siberia』(1882), 『Russian Central Asia, Including Kuldja, Bokhara, Khiva and Merv』(1885) 등이 있다.

4) George Kennan(1845~1924). 미국의 기자이자 여행가이며 작가이다. 시베리아와 시베리아 유형에 관한 여러 책의 저자이다. 러시아 혁명가들을 공개적으로 지지하였으며, 시베리아 유형을 당한 러시아 정치범들의 열악한 조건들을 미국에서 폭로하였고, 이를 통해 러시아의 정치 체계에 대한 비판적 시각들을 미국에 전파하는 계기를 마련했다고 평가된다. 『Siberia and the Exile System』(1891)의 저자이다.

5) 러시아의 길이 단위로 1,067m이다.

얻은 정보에 과연 권위를 부여할 수 있는 것인지 의구심이 들 수밖에 없고, 그가 수집하여 서술한 정보들 역시 시베리아에서 죄수들의 삶을 직접 상세히 연구했던 러시아인들에 의해 단호히 거부되었다는 점 역시 전혀 놀라운 일이 아니다. 렌스델의 경우는 케넌과는 사정이 조금 다르다. 그에 대해서는 좀 더 부연설명이 필요하다. 그는 시베리아 감옥을 보았다. 우편 마차를 능가하는 속도인, 다시 말해서 75일에 9,500베르스타를 주파하는 속도로 철도가 아직 부설되지 않았던 러시아를 횡단하였다. 특히 그는 14시간 동안 아침 먹고 달리고 점심 먹고 달려서, 60베르스타가 넘는 거리를 통과하여 세 곳의 주요 시베리아 감옥인 토볼스크,[6] 알렉산드롭스크[7] 공장, 카라해[8] 유역을 방문했다. 그는 감옥에서 공식적으로 작성한 죄수들에 대한 평정서를 넘치도록 모았으며, 이 짧은 기간 동안 감옥 지도부가 보여주고 싶었던 딱 그만큼만 보았다. 러시아에서 시베리아는 여타 다른 지역과 크게 다를 것이 없다는 점 말이다. 여행자라면 으레 있기 마련인 비판 능력이라는 좋은 장점을 아무리 많이 갖고 있다 하더라도, 그는 시베리아 감옥을 공식적으로 질주하는 동안 수집한 정보들을 다른 것과 비교하여 객관적으로 평가할 수는 없었을 것이다. 만약 이 문제에 관한 러시아 문헌을 고려했다면 그의 책은 아주

---

6) 러시아 서(西)시베리아 튜멘주(州)에 있는 항구도시이다. 튜멘에서 북동쪽으로 254㎞ 떨어져 있으며, 이르티시강과 토볼강이 합류하는 곳에 있다. 시베리아에서 가장 오래된 도시 중 하나로서, 그 기원은 1587년 동방 정벌에 나선 카자크인 예르마크가 이곳에 있었던 시비르한국(汗國)을 멸망시키고 성채를 쌓은 데서부터 시작되었다.

7) 알렉산드롭스크는 페름 지방에 있는 도시다. 페름에서 북서쪽으로 185Km 떨어져 있으며, 우랄산맥의 서쪽 부분에 해당하고, 릿바강(카마강의 지류)이 흐른다.

8) 카라해(Karskoe more). 러시아 북쪽에 접한 북극해 일부로서 노바야제믈랴섬과 세베르나야제믈랴 제도 사이에 있는 바다이다. 카라해는 서쪽으로는 바렌츠해, 동쪽으로는 랍테프해에 면해 있다. 면적은 88만km², 깊이는 평균 110m. 오비강, 예니세이강, 퍄시나강, 타이미르강 등이 유입된다.

유익한 저작이 되었을 터이다. 그러나 불행하게도 그는 아무것도 보지 못했고 아무것도 읽지 못했다. 그래서 그의 책은, 적어도 감옥과 죄수에 관련된 사항만 놓고 본다면, 부정확한 관념들의 나열이 되었다. 이런 점들을 두루 염두에 둔다면 지금 내가 쓰고 있는 이 글이 매우 흥미로울 수 있다고 생각한다. 이 글에 포함된 정보들은 적어도 그 본질상 진실되기 때문이다. 왜냐하면, 다른 책에서 정보를 얻는 데 그치지 않고 내가 직접 경험한 것에서 그리고 내 친구들이 직접 경험한 개인적인 감옥 생활의 체험에서 정보들을 가져왔기 때문이다.

1857~1862년 자유주의 운동을 힘차게 추진하여 얻어낸 획기적 결과 중 하나는 사법개혁이었다. 모든 업무가 서면이었던 과거 재판들은 청산되었고 황제들의 전횡으로 사라졌던 배심원 재판이 다시 도입되었다. 1864년 공표된 재판소송에 관한 새 법령은 의심의 여지 없이 유럽에서 가장 자유롭고 인본주의적인 재판법으로 간주되었다. 그즈음 채찍 형벌과 낙인찍기가 폐지되었다. 그리고 때가 무르익었다. 여론은 이런 수치스러운 수단들이 여전히 존재한다는 사실에 격분하였고, 당시 여론이 너무나 강경하게 목소리를 높임으로써 현(縣) 지사들이 부가조항에 이런 수단을 사용하겠다고 집어넣은 선고에 서명을 거부할 정도였다. 또 어떤 현 지사들은, 내가 시베리아에서 직접 목격했는데, 만약 형리가 자신들의 권한(높은 수익을 뽑아낼 수 있어서 매우 폭넓게 전파되어 있던 기술)을 사용할 시에 그 권한들을 단순한 장난쯤으로 여긴다면, 그도 자신의 가죽으로 벌을 받아야 할 것이라는 사실을 형리에게 계속해서 주지시켰다. 과거 제정 러시아 시대의 모든 개혁 조치와 마찬가지로 사법개혁 역시 많은 유

익한 결과들을 낳을 수 있었음에도 계속해서 수정에 수정이 이어지며 왜곡되었다. 개혁은 전면적으로 실행되지 않았고 72개 현 중에서 39곳에서는 과거 재판이 여전히 유지되었다. 이렇듯 시베리아 전체에서는 과거 재판들이 여전히 횡행하였다. 시베리아의 재판소 모두는 어떤 구속도 받지 않는 고리대금업자들의 소굴인 셈이었다. 그리고 옛 법령이 그대로 유지된 나머지 1864년 법령이 규정하는 감옥 운영과는 눈곱만큼의 일치점도 찾아볼 수 없는 형벌의 단계적 집행이 비일비재하게 일어났으며, 그 집행규칙들은 1864년 법령의 이념들과는 본질적으로 배척되는 것이었다. 나는 여기서 몇 가지만을 지적해보고자 한다. 그것은 내가 지어낸 독창적인 이야기가 아니라 러시아 신문 지상에서 늘 이야기하고 있는 것들이다. 배심원들은 새로운 법령이 자신들에게 부여한 독립성을 단 한 번도 이용하지 못했다는 것. 재판관들은 자신들을 임명하고 자신들의 부임지를 이곳에서 저곳으로 마음대로 바꿀 수 있는 법적 권한을 가진 법무대신에게 점점 더 종속되기 시작했다는 것. 썩 괜찮은 것으로 간주되던 변호사 제도는 완전히 쇠퇴했다는 것. 그리고 마지막으로 모두의 관심을 끌 것으로 기대했던 농민 문제는 기대에 미치지 못했고, 농민은, 마치 법률위원회가 그랬던 것처럼, 에밀 졸라의 소설에 나오는 제국의 검사를 연상시키는 그런 인물의 손에 전적으로 넘겨지게 되었다는 것. 정복을 입은 사람이면 누구나 재판소 건물 바로 그 입구에서 농민 배심원을 구타할 수 있는 상황에서 농민 배심원이 재판소에서 독자적으로 행동할 수 있으리라 기대하는 것은 어불성설이다. 배심원들의 판결에 관해 이야기해보자. 그것은 대중들에게 전혀 공표되지 않았으며, 혹여 현 지사의 견해와 조금만 달랐다 치면 그것은 어떤 존중도 받지 못했고, 배심원단이 무죄로 인정한 자라 하더라도 피고인 석에 앉아 있던 그 자세 그대로 바로 체포되어 행정기관의 간단한 명령에 의거 감옥에 다시 수감될 수 있다. 농민 부루노프의 경우가 바로 그런 사례의 전형이다. 그는 황제에게 당국에 대한 탄원서를 제출하기 위해 같은 마을 사람들의 위임을 받아 페테르부르크에 도착했는데 '봉기 가담자'라는 죄목으로 재판에 넘겨졌다. 재판은 그를 무죄로 인정했다. 그러나 재판소를 나서자마자 계단에서 그는 다시 체포되었고 콜라 섬[9]으로 유형에 처해졌다. 베라 자술리치[10]의 경우도, 분리파 교도 테테네프의 경우도, 또한 수많은 다른 이들의 경우도 이와 똑같았다. 제3부[11]와 현 지사들은 새로운 재판들을 그저

---

9) 러시아 무르만스크주(州)에 있는 섬.

10) 베라 자술리치는 1878년 2월 6일 페테르스부르그 시장인 트레포프를 저격한 죄로 기소되어 재판을 받았다. 트레포프는 자기에게 죄수가 모자를 벗지 않았다는 이유로 그를 매질하라고 명령했고, 그 죄수는 태형으로 온몸이 망가지고 정신이상이 되어 정신병원에 이송되어 얼마 안 있어 죽었다. 그러나 트레포프는 아무런 비난도 제재도 받지 않았고 이에 분노한 베라 자술리치는 경고의 의미로 트레포프를 저격하기로 하고 이를 실천에 옮겼다. 베라 자술리치의 행동은 수많은 사람의 공감을 얻었고 그녀의 재판에 많은 관심이 집중되었다. 그러자 정부는 당시의 관행인 밀실 재판을 포기하고 배심원이 참여하는 공개재판으로 전환했다. 여기서 토레프프의 악행에 대한 징벌이라는 베라 자술리치의 주장이 인정되어 그녀는 무죄를 선고받는다. 이후 그녀는 러시아를 떠난 40여 년의 긴 망명 생활을 거친 후 1917년 혁명이 일어나자 러시아로 돌아온다.

11) 여기서는 황제원 제3부를 의미한다. 황제원은 원래 군주의 직접 참여를 요구하는 문제들을 처리하고 황제의 명령집행을 감독하기 위한 기구로 설립되었다. 황제원은 니콜라이 1세(1825~1855) 치세기간 동안 급속히 성장했다. 기존의 황제원에 1826년에는 두 개의 부서가 추가되었는데, 제2부는 법 편찬을, 제3부는 신설된 헌병대를 각각 관할했다. 1828년에는 황후의 관할 하에 자선 교육기관들을 관리할 목적으로 제4부가 창설되었다. 8년 후에 제5부가 창설되어 국유지 농민의 상태를 개혁하는 책임을 맡았다(2년간의 활동 후에 신설된 국유지부로 대치됨). 끝으로 1843년에 제6부가 설립되었는데, 이는 카프카즈 산맥 남부지역의 행정계획을 세우기 위한 임시기관이었다. 황제원의 모든 부서는 공식적인 업무추진 절차를 무시하고 니콜라이 1세의 개인적 정책을 수행하는 주요수단으로서 황제에게 봉사했다. 특히 제3부, 즉 정치경찰은 정부전복과 혁명방지를 위한 전제군주의 강력한 도구로서 관리들의 행동을 통제하고, 그들에게 처벌과 포상을 내릴 수 있는 주요기관으로서 활동했다. 그리고 황제를 위해서 모든 종류의 보고서를 작성하는 업무도 제3부의 몫이었다.

불편한 어떤 것으로 바라보며 그런 관점에 따라서 행동하고 있다. 결국, 대부분의 사건이 재판관이나 배심원들의 참여 없이 행정 당국에 의해 비밀스럽게 결정되고 있다. '정치색'을 띤 모든 사건에 대한 예심은 헌병 장교들에 의해 간단하게 실행되었다. 때로는 동행한 검사가 지켜보는 가운데 헌병 장교들이 예심을 진행하기도 했고, 또 때로는 사복 관리를 대동하고 헌병 장교들이 불시에 들이닥쳐 예심을 진행하기도 했다. 이때 그 사복 관리는 동지들 사이에서는 미꾸라지 한 마리로 간주되었는데, 제3부가 피검자들을 수색할 때 협조하거나 최소한 협조하는 척이라도 하는 것이 그 사복 관리의 임무였다. 선고와 징벌 수준(최고 징벌 수준은 시베리아 극지방으로의 종신유형이 될 수 있다)은 제3부 또는 행정당국에 의해 결정된다. 제3부나 행정당국은 비밀단체에 소속된 정치범 관련 사건뿐만 아니라 분리파 교도들에 대한 사건들도 대단히 민감하게 반응하고 있다. 당국에 순종하지 않는 개인적 차원이나 집단적 차원의 거의 모든 사건, 동맹 파업, 아주 사소하더라도 황제의 위엄에 반하는 행동 등이 그것이다. 최근 6개월 동안 2,500명이 이런 이유로 당국에 체포되었다. 한마디로 말해서, 당국을 불쾌한 상황에 놓일 수 있게 하는 행동, 공식 언어를 빌자면 '부정한 사회여론을 불러일으킬 목적으로 선동을 일삼는' 모든 사건이 여기에 해당한다. 1864년 법령에 따라 재판이 진행된 첫 번째 사건이 정치 관련 사건이었다. 이 재판을 계기로 정부는 재판관들이 정치적 이유로 재판을 받는 피고인들에게 적대적 태도를 보이는 것이 아니라 대단히 호혜적인 태도를 취하고 있음을 알아차리고는 이 피고들을 당국에 유리한 구성원들로 이루어진 재판에 넘기기 시작하였다. 다시 말해서 이런 사건을 전담하여 재판하도록 재판관들을 특별히 임명하였다. 베라 자술리치의 재판은 이런 풍토와 분위기를 고려할 때 기억될 만한 예외적인 사건이었다. 배심원들이 재판에 참여하였고 그녀는 무죄가 되었다. 그러나 그라돕스키 교수는, 후에 잠시 발행이 중단되기도 했던 어느 저널에 "만약 정치국장이 한 축을 맡고 제3부-법무대신-내무대신이 다른 한 축을 맡아서 벌인 그 유명한 논쟁들이 없었다면, 또한 불안정한 현실에서 우리의 숨통을 틔워주곤 했던 일종의 '젤로지 드 매체(jalousie de metier)'[12]가 없었다면, 이 사건이 배심원 재판까지 결코 가지 못했을 것이라는 점은 페테르부르크 사람이라면 누구나 알고 있는 공공연한 비밀"이라고 썼다.

언론이 정치적 사건을 있는 그대로 보도하는 것을 정부가 절대 좌시하지 않았음은 여기서 새삼스레 언급할 필요도 없다. 예전 신문들은 『정부 통보(Pravitel'stvennyi Vestnik)』에 게재되었던 '허위' 보도들을 재생산해야만 했다. 그러나 지금은 정부가 심지어 그런 보도들마저도 사회에 깊은 인상을 불러일으키고 있으며 피고에게는 늘 그렇듯이 우호적인 분위기를 조성할 수도 있음을 깨달았다. 그래서 지금은 정부가 자신들의 업무를 완전히 비밀리에 수행하고 있다. 1881년 9월에 공표된 법률은 사회적 동요를 일으킬 수 있거나 사회적 안정을 파괴할 수 있는 모든 사건은 '비공개'로 심의할 수 있도록 요구할 권리를 총독과 현 지사에게 부여하였다. 사회 내에 죄인들의 연설이 유포되거나 정부에 안 좋은 사실들이 확산하는 것을 막기 위해서 공판에는 아무도, 심지어 법무성 관계자조차도 참석이 허용되지

---

12) 같은 전공자들이나 같은 직종에 종사하는 인물들 간에 생겨나는 질투.

않으며, 오직 '피고의 아내나 남편 또는 부모, 또는 피고의 자녀 중 한 명만, 즉 피고당 단 한 명의 친척 이하만 허용된다.' 10명이 사형 선고를 받았던 테러리스트들에 대한 근자의 사건 심리 중에, 이런 특혜를 받았던 단 한 명의 인물이 수하노프의 어머니였다. 반면 수 많은 사건이 그런 식으로 끝났으며 심리가 언제 열렸는지 그리고 언 제 열릴 것인지 아무도 몰랐으며 또 모르고 있다. 그런 식으로, 예를 들어, 상트페테르부르크 요새 감옥 소장의 아들인 어느 장교의 운명 에 관해서도 우리는 오랫동안 알지 못했다. 그는 혁명가들과 교제했 다는 죄목으로 강제노동형을 선고받았는데, 다른 사건의 공판에서 낭독된 기소장에서 우연히 듣게 될 때까지 심리 후 수년 동안 그 자 신이 어떤 이유로 그런 운명에 처하게 되었는지를 알지 못했다. 대 중은 『정부 통보』를 통해 황제 폐하가 어떤 혁명가들에게 내려졌던 사형선고를 종신 강제노동형으로 감형해 주었다는 사실을 알고는 있었다. 그러나 그들 사건을 다룬 재판에 대해서도, 피고들이 유죄 선고를 받았던 범죄행위에 대해서도 소문 하나 돌지 않았다. 그뿐만 이 아니다. 사형에 처해진 죄수들의 마지막 위안, 사람들 앞에서 공 개적으로 죽게 될 것이라는 생각마저도 앗아가 버렸다. 이제 비밀리 에 요새 벽에서, 바깥세상의 어느 누구도 참석하지 않은 그 자리에서 교수형을 당하게 될 것이다. 이런 새로운 조치들이 내려진 까닭은, 리사코프가 교수대로 끌려 왔을 때 그가 갑자기 대중에게 자신의 피 묻은 손을 보여주면서 고막을 터뜨릴 것 같은 목소리로 재판 후에 자 신은 고문을 당했다고 소리를 질러댔기 때문이었다. 그의 말은 테러 리스트들에게는 이전까지 어떤 공감도 갖고 있지 않았던 자유주의자 대중들이 자신들의 생각이 잘못되었을 수도 있으며, 어쨌든 사건의 실제 측면을 비밀 격문으로나마 사람들에게 알리고 이를 통해 용인할 수 없는 인권법 위반에 대해 사회적 관심을 끌어모으는 것이 자신들의 의무라고 여기게 했다. 그러나 이제는 그 누구도, 공판 이후부터 형이 집행될 때까지 페트로파블롭스크 요새 감옥에서 무슨 일이 벌어지는지 알 수 없게 되었다. 아무튼 정부는, 수인(囚人)들이 도시에 있는 자기 친구들에게 연락을 주고받을 수 있도록 편지를 전달한 혐의로 기소되었던 요새 감옥 소장의 아들과 10명의 군인을 그런 식으로 강제노동형에 처했다. 그러나 밝혀진 바로는, 나도 조금의 주저함도 없이 이것이 사실이라고 확신하지만, 적어도 두 명의 혁명가, 안드리안 미하일로프와 리사코프는 *전기 고문을 당했다*(강조-크로폿킨).

  1861년 감옥 상태를 전반적으로 조사하라는 명령이 현(縣) 지사에게 하달되었다. 이것은 알렉산드르 2세가 통치를 시작하던 초기였고 정부는 그 당시 자유주의적이었으며 조사는 전반적으로 만족스럽게 진행되었다. 결과는 모두가 그전까지 그럴 것이라고 짐작으로만 알고 있었던 사실들을 확인시켜 주었다. 바로 러시아와 시베리아의 감옥이 상상할 수 없을 만큼 열악한 상황에 놓여 있다는 것이었다. 감옥의 각 감방에 수감된 수인의 수는 법으로 허용된 최대치보다 2~3배가 더 많았다. 감옥의 건물은 대부분이 사람이 살기에는 불가능할 뿐만 아니라 대체 어떤 방식으로 다시 세워야 할지 생각조차 할 수 없을 정도로 너무나 낡고 허물어져 가고 있었으며 믿기 힘들 정도로 더러운 상태였다.

  감옥 내부는 외부보다 사태가 더욱 심각했다. 모든 감옥 체계가 골수까지 매수되었으며, 관리들은 어쩌면 감옥보다 더 교정이 필요한 대상인지도 몰랐다. 그 당시 거의 모든 유형수가 강제노동에 투입되고 있었던 자바이칼스카야주(州)에서 조사위원회는 감옥의 건물이 대부분 폐허가 되어가고 있음을 목도하면서 이를 기반으로 보고서를 작성하면서 모든 징벌체계가 이 길로 나아가고 있다고 서술하였다(나는 그 위원회의 서기였고 그래서 내게 보고서를 작성하도록 위임했다). 러시아 제국 어디서나 이론과 실제 모두에서 하나같이 빛과 공기가 요구되고 있음이 밝혀졌다. 모든 것을 개혁할 필요가 있다. 현실을 바꾸고 나아가야 할 방향을 바꾸어야 한다. 우리의 감옥을 다시 세울 필요가 있을 뿐만 아니라 근본부터 우리 감옥 제도를 개혁하고 감옥에 근무하는 관리들이라면 교도관부터 소장에 이르기까지 모두를 뜯어고칠 필요가 있다. 그러나 정부는 이것 중 아무것도 하지 않기로 결정했다. 정부가 새로운 감옥을 몇 개 세웠으나 새롭게 늘어난 수인들을 수용하기에는 그것만으로는 충분하지 않다는 것이 곧 밝혀졌다(왜냐면 이 시기 주민의 증가 수는 천만을 훨씬 상회했기 때문이다). 수인들을 사설 금광 소유주들에게 임대로 건네주기 시작하였다. 사할린에서는 스스로 원해서는 누구도 정착하고 싶어 하지 않는 이 섬을 식민지화하기 위해 새로운 강제노동 마을들이 건설되었다. 바로 이것이 정부가 취한 행동의 전부였다. 낡은 질서들은 변화 없이 남게 되었고 낡은 오류들도 고쳐지지 않았다. 해마다 감옥은 더욱더 허물어져 갔고 해마다 감옥의 관리들은 점점 더 부정직하고 비양심적인 사람들이 되어갔다. 매년 꼬박꼬박 법무성은 수리비용을 요구하였고, 매년 정부는 법무성이 요구하는 비용의 절반 또는 그보다 더 적은 비용을 할당할 뿐이었다. 법무성이 1879~1881년에 3백만 루블이 넘는 금액을 요구했을 때도 정부가 지원한 예산은 고작 120만 루블이었다. 이후 감옥들은 항시적인 전염병 보균소로 변질되었으며, 어느 위원회가 얼마 전 작성한 보고서에 따르면 적어도 감옥의 2/3는 지붕부터 토대까지 싹 다 뜯어고칠 필요가 있다. 러시아의 모든 수인을 응당하게 수용하기 위해서는 이미 존재하는 감옥의 1/2을 더 증축해야만 할 것이다. 실제로 1879년에 70,488건의 재판이 있었으나, 실제 러시아 감옥의 총수용 능력은 54,253명 이하이다. 감방의 수용 정원이 200~250명 정도로 추정된다. 하지만 실제로 수감되어 있는 수인의 수는 보통 700~800명 사이였다. 시베리아로 가는 길에 있는 감옥들에서는 강이 범람하여 수인들이 지체해야 되는 상황이 되면 상상하기 싫을 정도로 끔찍한 초과수용이 발생하고 있다.[13]

---

13) 원주) 러시아 감옥 체계는 기본적으로 다음과 같다. 우선 재판에 계류 중인 사람들을 감금하는 624개 감옥 또는 요새 감옥이 있다. 여기에 수용된 인원은 전체 54,253명으로 추정된다. 그리고 구치소(예비 구속용 청사)가 4곳이 있으며 여기에 수감된 인원은 1,134명이다. 지금 언급한 시설에 제3부 산하 정치감옥과 요새 부속 정치감옥은 포함되지 않는다. 수인들이 지정 장소로 파송되기를 기다리며 머무는 이감자 형무소는 10곳이 있는데 여기에 수용된 인원은 7,150명 정도이다. 또한, 므첸스카야와 비시네-볼로치스카야에 정치범 감옥이 있으며 140명이 수용되어 있다. 여기에 덧붙여 좀 더 가벼운 형벌로 간주되는 *징벌 중대*(러시아에서 18세기 초에서 1870년까지 군대 내에서 범죄를 저지른 자들에게 강제노동을 시키기 위해 조직된 징벌 중대-필자)가 있다. 그렇다고 징벌 중대를 만만하게 보아서는 안 되는 것이 시베리아 강제노역 감옥보다 더 열악한 환경에서 강제노동을 요구하기 때문이다. 징벌 중대는 23곳에서 운용되고 있으며 수용된 인원은 7,136명(1879년에는 9,609명)이다. 징벌 중대에 덧붙여 교화분대(ispravitel'nye otdelenija)를 언급해야겠는데, 교화분대는 13곳이 있다. 한꺼번에 1,120명을 수용할 수 있는 거대 감옥이 2곳 있고, 435명의 죄수를 수용할 수 있는 거대 감옥보다 작은 감옥이 11곳 있다. 13곳의 '중앙감옥(tsentral'nye tjur'my)'이 있다. 이들 중앙감옥은 강제노동 감옥이다. 중앙감옥 중 7곳이 러시아(유럽 러시아-역주)에 있으며 2,745명 수용되어 있다. 서시베리아에는 중앙감옥이 3곳 있으며 1,150명이 수용되어 있고, 동시베리아에는 2곳, 1,650명이 수용되어 있다. 중앙감옥의 나머지 1곳은 사할린섬에 있다. 이곳에 600명(1879년에는 1,103명)이 수용되어 있다. 중앙감옥에 수감되어 있지 않지만, 강제노동형을 선고받은 10,424명의 나머지 수인들은 시베리아의 국유 광산이나 금광, 공장에 배치되었다. 카르스키 금광에 2000명, 트로츠키 제염소와 우스티-쿠트스키와 이르쿠츠키 제염소, 니콜라옙스키와 페트롭스키 제철 공장, 과거 아카투이스키 은광에 딸린 감옥에도 강제노동 유형수들이 수감되어 있다. 마지막으로 강제노동 유형수들은 시베리아의 개인소유 금광에 임대되기도 한다. 형벌이 얼마나 엄격하게 적용되는지는 전적으로 당국의 의지에 달려있다. 각각의 경우 당국이 합당하다고 간주하는 수준에 따라 징벌의 적용이 한계 없이 요동을 쳤다.

보통 감방에 수감된 수감자 중 대부분은 재판을 기다리는 사람들이다. 그들이 무죄로 판명날 수도 있다. 아주 빈번하고 용이하게 체포가 횡행하는 러시아에서 10건 중 3건꼴로 그들이 죄가 없다는 사실을 모두가 알고 있다. 실제로 법무성이 발표한 1876년 연간 총계에 따르면, 1년 동안 체포된 99,964명 중에서 37,159명, 다시 말해서 37%만이 재판에 회부되었고, 재판에 회부된 사람 중에서 12,612명이 무죄로 판명되었다. 이런 식으로 75,000명 이상이 합당한 이유나 근거 없이 체포되어 투옥되었다. 총 수감 인원 중에서 '범죄자'로 선고를 받아 수감생활을 하는 약 25,000명의 사람 가운데 상당수(약 15%)의 남성과 여성이 그저 여권 규정을 위반했을 뿐이거나 정부의 어떤 구속 조처를 위반했을 뿐이었다.

여기서 반드시 짚고 넘어가야 할 것은, 그들 중 3/4이 나중에 무죄로 인정받게 될 터이지만 지금은 감방에 꼼짝없이 감금되어 있어야 할 수인들이 지방의 감금 시설이나 요새 감옥, 여행자들이 러시아를 다니다 보면 도시마다 마주하게 되는 그 유명한 요새 감옥에서 적게는 몇 달 많게는 몇 년을 보내게 된다는 점이다. 이는 아주 흔한 일이다. 거기서 그들은 아무것도 하지 않고 아무런 희망도 없이 전능한 간수들에 의해 완전히 농락당한 채 빈둥거리면서, 믿기 어려울 정도로 더러운 공간 속에서 통조림 깡통 속에 들어있는 청어들처럼 따닥따닥 붙어 앉아있다. 그 안의 공기는 신선한 대기로부터 곧장 거기로 들어온 사람들마저도 병들도록 만들고 감정이란 감정을 모조리 없애버린다. 수백 명 인간 존재들의 자연스러운 기능을 위해 그 공간 안에 놓여 있는 끔찍한 오물통 냄새가 대기 중에 가득하기 때문이다.

이와 관련해서 처녀 때 성이 쿠투조바였던 내 친구 S 씨의 감옥 경험 중에서 몇몇 일화를 인용하는 것이 더 좋을 것 같다. 그녀는 종이에 그 일화를 적었고 제네바에서 발행되는 한 러시아 잡지에 '*일반 사건*(강조-크로폿킨)이란 제목을 달아 자신의 이야기를 게재했다. 그녀는 인민 교육성의 허가를 받지 않고 농민 자녀들을 위한 학교를 개교하였다는 명목으로 처벌을 받았다. 그녀의 범죄가 형사범죄가 아니었고 더욱이 그녀가 외국인과 결혼하였기 때문에, 구르코 장군은 그녀를 해외로 추방하라고만 명령을 내렸다. 그렇게 해서 그녀는 상트페테르부르크에서 프러시아로 가야 했으며 그러한 자신의 행로를 묘사하였다. 나는 주석 없이 그녀의 이야기 중에서 몇 군데 발췌한 것을 옮겨 싣는다. 다만 아주 사소한 세부 사항에 대해서도 완전히 나무랄 데 없이 정확하다는 것만을 미리 밝힌다.

나는 남성과 여성이 뒤섞인 50명의 수인과 함께 빌나[14]로 보내졌다. 기차역에서 우리를 도시 감옥으로 데려갔고 거기서 늦은 밤까지 문을 열어놓은 채로 폭우가 쏟아지고 있는데도 2시간 넘게 세워 놓았다. 마침내 우리를 어두운 복도로 밀어 넣더니 수를 세었다. 두 명의 군인이 나를 붙잡더니 비열하고 모욕적인 짓을 했다. 그런 강간은 나 혼자만 당한 것이 아니었다. 어둠 속에서 나는 수많은 다른 여성들이 질러대는 절망적인 비명을 들었다. 수도 없는 욕설과 더러운 호통 소리를 들은 후에 불이 켜졌고 나는 드넓은 방에 들어와 있다는 것을 알게 되었다. 그 방에서는 바닥에서 자는 여자들을 밟지 않고는 한 발짝

---

14) 빌뉴스(Vil'njus)의 옛 이름. 빌뉴스는 리투아니아의 수도이며, 옛 이름인 빌나는 빌리야 강과 네리스강에서 따온 지명으로 두 하천의 합류 지점에서 도시가 발달하였음을 보여 준다. 1322년 리투아니아 대공 게디미나스가 거성을 옮겨온 후부터 리투아니아의 수도가 되었다. 한때 폴란드의 지배를 받았으며, 1940년 소련에 편입되었다가, 1991년 리투아니아가 소련에서 독립하면서 수도가 되었다.

도 어느 한 곳으로 내디딜 수가 없었다. 침상을 차지하고 있던 두 여성은 내 위로 바싹 몸을 붙이더니 내게 침상을 나눠쓰자고 제안하였다……. 다음날 눈을 떴을 때 나는 어제의 장면이 떠올라 몸서리를 쳤다. 여자 죄수들, 살인을 저질렀거나 물건을 훔쳤던 그 여자 수인들이 내게 너무나 잘 대해주었기에 다소나마 마음이 진정되었다. 다음 날 저녁 우리를 감옥에서 '쫓아내서' 길을 떠나기 위해 폭우가 내리고 있는데도 감옥 마당에 줄을 세웠다. 나 자신도 어떤 식으로 간수들의 주먹을 피해야 하는지 알 수가 없었다. 당시에 수인들은 처음에는 간수들의 명령을 이해하지 못해 실컷 맞고 욕설을 들어야 했으며 그런 연후에야 간수의 명령에 따를 수 있었다. 때리면 안 된다고 말하면서 간수의 폭행에 항의했던 사람들은, 죄수를 운송할 때는 수인들에게 차꼬를 채워서는 안 된다고 법률에 명시되어 있음에도 불구하고, 차꼬가 채워져 기차로 호송되었다.

코브노에 도착한 후 우리는 이쪽 경찰 관내에서 다른 쪽 경찰 관내로 이관되며 하루를 꼬박 보냈다. 저녁 무렵에 우리는 여자 감옥에 배치되었고 여감시원은 감독관을 욕하면서 입술이 터져 피가 나도록 그의 낯짝을 때려주겠다고 떠들어 댔다. 수인들은 여감시원이 늘 하는 위협이며 그것을 진짜로 행하지는 않는다고 내게 이야기해 주었다……. 나는 살인자, 도둑, 그리고 어쩌다 당국의 실수로 체포된 여성들 사이에서 일주일을 보냈다. 불행은 불행한 사람들을 단결시킨다고 하던가. 서로는 서로에게 좀 더 참을만한 삶이 될 수 있도록 노력하였다. 모두가 내게 매우 친절했다. 그들은 내게 위로가 될 수만 있다면 아무리 조그만 일이라도 해주려고 했다. 어제 나는 아무것도 먹지 못하였다. 왜냐면 수인들이 감옥에 도착하는 날에는 그들에게 음식을 제공하지 않기 때문이다. 그래서 나는 배고파서 죽을 지경이었다. 그러자 수인들은 마음씨 곱게도 내게 자신들의 빵을 나눠주었다. 그런데도 여감시원은 자신의 의무에 몰두했다. 그녀는 술 취한 남성들만이 내뱉을 수 있는 그런 몰염치하고 상스러운 욕설들을 거침없이 토해냈다……. 코브노에서 일주일간 체류한 후 나는 인근 도시로 걸어서 이송되었다. 마리암폴에 도착할 때까지 우리는 사흘을 내리 걸었다. 내 다리는 상처투성이가 되었고 긴 양말은 피로 흥건했다. 군인들은 내게 수레에 태워 주십사 요청해 보라고 충고했지만 내게는 간수들이 끊임없이 내뱉는 욕설과 더러운 대화보다는 육체적 고통이 더 마음 편했다. 어쨌든 그들은 힘들어하는 나를 자신들의 상관에게 데려갔다. 하지만 상관은 내가 사흘을 걸어왔으므로 나흘째도 충분히 걸을 수 있지 않냐고 지적했다. 다음 날 우리는 볼코비스크에 도착했다. 거기서 우리는 프로시아로 추방되게 되어 있었다. 나와 다섯 명의 다른 사람들은 요새 감옥에 임시로 배치되었다. 여성 감옥은 폐허가 되었으므로 우리는 남성 감옥에 배치되었다……. 나는 어떻게 해야 할지 알 수가 없었다. 왜냐하면, 바닥은 온통 끔찍한 정도로 더러워 어디 앉을 만한 데가 없었기 때문이다. 볏짚조차도 없었고, 바닥에서 기어 올라오는 구린내. 바로 구역질이 났다……. 커다랗게 파인 웅덩이가 변소로 쓰였다. 변소에 다녀오려면 부서진 사다리를 건너가야만 했는데, 우리 중 한 명이 발 밑 사다리가 무너져 내리는 바람에 사다리 아래 오물에 빠져버렸다. 그 일이 있고 난 다음에서야 나는 왜 그토록 구린내가 심한지 그 이유를 알아차렸다. 웅덩이에 고인 오물은 바로 건물 밑을 통과하게 되어있었고, 그래서 건물 바닥이 온통 끈적끈적한 오물로 덮여 있었다.

나는 이곳에서 이틀 낮과 이틀 밤을 줄곧 창가에 달라붙어 보냈다……. 밤에 문이 열리더니 고래고래 끔찍한 소리를 지르는 술 취한 창녀들을 우리 감방에 밀어 넣었다. 그들은 미친 사람도 우리 감방에 몰아넣었는데, 그는 완전히 발가벗고 있었다. 파렴치한 수인들은 그를 보고 매우 즐거워했다. 그들은 미친 사람을 괴롭혀서 그를 절망에 빠뜨렸다. 결국, 그는 발작을 일으켰고, 바닥에 쓰러져서는 입에 거품을 물고 누워 버렸다. 사흘째 되던 날 수인 가운데 군인이었던 어떤 유대인이 나를 자신의 방, 아주 비좁은 작은 방으로 데려가서는 자신의 아내와 머물게 해주었다……. 수인들이 내게 해준 말에 따르면, 그들 중 실제로 수많은 사람이 국경을 건너기 전까지 자신의 서류를 기다리면서 7~8개월을 '실수로' 이곳에 수용되고 있다는 것이다. 이런 창살에 갇혀 속옷을 바꿔 입을 수도 없는 상태에서 일곱 달을 강제로 머물러 있을 수밖에 없다면 그들의 상태가 어찌할지 상상만으로도 끔찍하다. 그들은 간수에게 돈을 좀 쥐여 주라고 내게 충고했다. 그러면 필히 간수는 곧바로 나를 프러시아로 보내줄 것이라고 했다. 그러나 나는 이미 6주를 길에서 보냈고 내 편지들은 아직 내 가족에게 전달되지 못했다……. 마침내 나를 돌봐주었던 군인이 내가 자신의 아내와 함께 우체국에 갈 기회를 만들어주었다. 나는 페테르부르크로 등기우편을 보냈다(S 씨는 상트페테르부르크에 영향력 있는 친척이 있었고 며칠 후에 총독은 그녀를 즉시 프러시아로 보내라는 전보를 쳤다). 그녀의 말을 빌자면, 그들은 자기 서류를 즉각 찾아낸 다음 자기를 에이드쿠넨으로 보냈다. 거기서 자신은 자유를 얻었다고 한다.

고백하건대, 이 이야기는 끔찍하다. 그런데 이 이야기에서 과장이라고는 찾아볼 수 없다. 우리 중에서, 수인들과 어떤 식으로든 관계가 있던 우리 러시아인들에게 S 씨의 경험에서 이야기되는 모든 말은 진실 되며 모든 장면은 보통으로 여겨진다. 욕설, 오물, 무례함, 뇌물, 구타, 굶주림 등 이 모든 것은 요새 감옥이라면 어느 곳에서든, 코브노에서 캄차카까지 그리고 아르한겔스크부터 에르제룸까지 어느 이송 감옥에서든 확인되는 본질적인 특징들이다. 나는 이를 증명할 수 있는 장소들을 잘 알고 있으며, 이들 장소에 대해 수백 가지 이야기들을 쏟아낼 수 있다.

서(西)러시아의 감옥들이 그러하다. 동(東)러시아나 남(南)러시아에 있는 감옥이라고 나을 게 하나도 없다. 페름에 투옥되었던 어떤 이(지난해 8월에 페름 근교에서 허무주의를 신봉한다고 의심을 받아 체포된 렌스델 씨가 감옥의 이런 사정을 몰랐다는 사실이 안타깝다!)는 『*포랴도크(Porjadok, 질서)*』(강조-크로폿킨)지에 다음과 같이 투고하였다. "감시원은 가브릴로프 아무개였다……. 낯짝 때리기, 회초리로 때리기, 차가운 독방에 가두기, 굶기기 등은 감옥에서 흔히 있는 일이다……. 불평이라도 한마디 하면 수인들을 '목욕탕'으로 보낸다. 다시 말해서 회초리로 때리거나 독방에 가둔다……. 사망률은 끔찍할 만큼 높았다." 블라디미르에서는 탈옥 시도가 너무나 많아서 특별 연구 대상이 될 정도였다. 수인들은 자신들이 받는 배급량이 삶을 살아가기에는 턱없이 부족했다고 진술하였다. 최고 간부에게 수없이 청원서를 보냈지만, 그 어떤 답변도 받지 못하였다. 마침내 수인들은 모스크바재판소에 청원서를 보내기로 했다. 그러나 감시인은 이를 어디서 주워듣고는 감방을 샅샅이 수색하여 청원서를 찾아냈다. 사정이 이렇다 보니 감옥에서 사망률이 엄청나게 높을 것이라는 사실은 쉽게 납득할 수 있다. 그러나 현실은 논쟁의 여지 없이 상상 그 이상이다. 그렇게 1878년에 하리코프 감옥의 사제는 설교대에 올라 감옥에서 사망률이 얼마나 높은지 이야기했으며, 1879년에 『에나르히알나야 신문(Enarkhial'naja Gazeta)』에 따르면 감옥에서 4개월의 수감생활로 인해 500명의 수인 중 *200명이 괴혈병으로 죽었다*(강조-크로폿킨). 예나 지금이나 어떤 극지를 탐험하더라도 극도로 부족한 배급으로 인해 러시아 감옥에서 죽어가는 숫자에 미치지는 못할 것이다. 키예프 감옥은 티푸스열의 소굴이었다. 한 달 동안 수백 명이 죽었고 새로운 수인 무리가 죽음이 앗아간 사람들의 자리를 채우기 위해 끌려 왔다. 이에 대해서 신문이란 신문은 모두 대서특필

했다. 1년이 지난 1882년 6월 12일에서야 중앙감옥관리본부(glavnoe tjuremnoe upravlenie)는 다음과 같은 회람의 형식을 빌려 전염병의 원인을 설명하였다. 1) 수많은 수인을 다른 감옥들로 분산 수용하는 것이 크게 어렵지 않았음에도 불구하고 감옥은 끔찍할 정도로 정원 초과였다. 2) 감방은 매우 습하고 벽들이 곰팡이로 뒤덮여 있었으며 바닥은 많은 데가 썩어 있었다. 3) 구정물로 가득 찬 구덩이들은 그 밑바닥에 악취 나는 액체가 침전된 상태였다. 등등. 관리청은 그와 같은 더러운 상태들로 인해 다른 감옥들도 똑같은 전염병에 걸릴 위험에 처해 있다고 덧붙였다.

페테르부르크 중앙감옥, 소위 리톱스키 감옥은 더 깨끗하게 유지되고 있다. 그러나 이 감옥의 건물은 낡았고 습하고 어둡다. 얼마나 어둡냐면 감옥 건물과 시커먼 땅을 구분하기가 여간 어려운 것이 아닐 정도였다. 형사범들은 일정량의 노역을 하게끔 되어있다. 그러나 정치범들은 아무런 하는 일 없이 감방에 억류된다. 그래서 몇몇 내 친구들, 다시 말해서 이 감옥에서 2년이나 그 이상을 보냈던 193인 재판15)의 주인공들은 자신들이 알고 있는 가장 나쁜 감옥 중 하나로 페테르부르크 중앙감옥을 꼽는다. 감방들은 매우 비좁고 매우 어두우며 매우 습하다. 게다가 감시원 마카로프는 그저 야만스러운 짐승일 뿐이었다. 독방에 감금되고 나면 어떻게 되는지에 대해서는 내가 다른 곳에서 묘사해 놓았다. 법적으로 정해진 배식비는 하루에 7코

---

15) '193인 재판' 1873~1874년 '브나로드' 운동에 참여했다가 체포된 인민주의자들에 대한 재판이다. 1877년 소위 193인 재판에서 원로원 특별재판소는 정부에게 유리한 쪽으로 재판을 이끌어가기보다는 정치범들을 법의 토대 위에서 객관적이고 공정하게 재판하려고 노력했다. 그 결과 원로원 특별재판소는 193명의 피고 가운데 90명에게 무죄를 선고했다.

페이카이고 귀족 출신의 수인에게는 하루에 10코페이카를 식비로 지불한다. 꽤 괜찮은 것처럼 여겨질 수 있다. 그런데 감옥에서의 물가를 고려해야 하면 이 금액은 턱없이 부족하다. 호밀 흑빵은 1푼드16) 가격이 3~4코페이카였다는 것만 보아도 충분히 미루어 짐작할 수 있다.

그런데 우리 당국은 페테르부르크의 '구치소(Dom predvaritel'nogo zakljuchenija)', 다시 말해서 최근에 세워진 이 신식감옥에 자부심을 느끼는 듯하다. 그래서 외국인이라도 오면 명소라도 되는 양 즉시 이곳을 보여준다. 이곳은 소위 '견본 감옥'으로서 러시아에서 유일무이한 장소이다. 이 감옥은 벨기에 감옥 설계도에 따라 건설되었다. 나는 개인적으로 체험해 보았기 때문에 이 감옥을 잘 알고 있다. 왜냐면 군대 병원 산하 감옥으로 이송되기 전 3개월 동안 나는 이곳에 투옥되어 있었기 때문이다. 이 감옥은 러시아에서 유일하게 깨끗한 형사범 감옥이다. 이 감옥은 두말할 나위 없이 깨끗하다. 마루 솔이 쉴 새 없이 움직이고 빗자루와 양동이들이 거의 초자연적인 활동성을 발휘한다. 이 감옥은 전시장이며 그래서 수인들은 이곳을 반짝반짝 빛이 나게 유지할 의무가 있다. 아침 내내 그들은 씻고 쓸고 아스팔트 바닥의 광을 낸다. 그 광은 값비싸게 대가를 치른 것이다. 공기는 아스팔트 입자들로 가득하다. (나는 가스등에 종이 갓을 만들어 씌웠는데 몇 시간만 지나면 그 전등갓을 뒤덮은 먼지 위에 손가락으로 여러 모양을 그릴 수 있었다). 그리고 이 공기를 마셔야만 한다.

위쪽 3층으로는 아래층의 냄새란 냄새는 모두 침투하고 게다가

---

16) 1푼드는 409.5그램.

통풍이 너무 나빠 문을 닫는 저녁이면 그야말로 숨을 쉴 수가 없다. 어떻게 하면 바람이 잘 통하게 할 수 있을까 하는 통풍개선방법을 모색하기 위해 연달아 2~3개 특별위원회가 구성되었다. 참의원 그로트를 의장으로 하는 가장 최근의 위원회는 지난해 6월에 (유사한 벨기에와 독일 감옥보다 두 배 더 큰) 이곳의 건물을 완전히 재건축해야만 한다고 보고하였다. 왜냐면 부분적으로 수리를 하거나 아니면 대대적인 보수공사를 하더라도 통풍을 개선할 수는 없기 때문이다. 감방들은 길이가 10피트,[17] 폭이 7피트이다. 그래서 한때 감옥의 규정에 따르면, 갇혀 있는 바로 이곳 이 자리에서 숨이 막혀 수인들이 죽어버릴 수 있었기 때문에 문에 구멍을 뚫어 놓도록 했다. 그런데 얼마 후 이 법규는 폐지되었고 구멍이 메워졌다. 우리는 기온이 올라 숨이 막힐 듯 무더운 경우에도 기온이 떨어져 감방 안이 얼음장같이 추운 경우에도 스스로 알아서 거기에 맞춰 적절하게 대처해야만 했다. 구치소 삶이 그렇게 크게 활기차지 않다면, 나는 독방의 어둠과 습기에도 불구하고 페트로파블롭스크 감옥의 내 독방이 그리웠을 것이다. 독방은 진짜 관을 떠올리면 된다. 거기서 수인은 2년, 3년, 5년, 또는 10년 동안을 사람 목소리도 하나 듣지 못하고, 말이라도 걸라치면 귀먹은 벙어리 흉내를 내는 2~3명의 간수 외에는 어떤 살아 있는 존재도 보지 못한다. 어느 날 구치소 복도에서 마주친 아이들을 절대 잊지 못할 것이다. 그 아이들도 우리처럼 몇 달씩 또는 몇 년씩 재판을 기다렸다. 아이들의 누렇게 뜨고 잿빛이 도는 몹시 피곤한 얼굴과 거칠고 겁에 질린 눈빛을 보면 '견본 감옥 내

---

17) 1피트는 30.48센티미터.

독방 시설에 감금된 결과들'에 대한 보고서를 그들이 겪은 경험만으로도 몇 권으로 써낼 수 있으리라 생각된다. 구치소 당국에 대해서라면 러시아 신문들이 수인들의 정해진 배급이 어떻게 도둑질 되고 있는지에 대해 공개적으로 언급하고 있다는 사실을 지적하는 것만으로도 충분하다. 작년에는 조사위원회가 구성되고 그 위원회의 감사가 시작되었는데 그에 따라 현실은 신문 보도 내용보다 더 심각하다는 사실이 밝혀졌다. 그러나 이 모든 것은 수인들이 참아내야 할 처우와 비교하면 진정 하찮은 것이다. 이곳에서 바로 트레포프 장군이 보고류보프를 매질하라고 명령하였고, 저항했던 수인들을 발과 주먹으로 때릴 것을 지시하였으며 그 후 그들 중 몇 명을 영하 45도에 화장실 옆 배설물 가운데 있는 좁은 광에 5일 동안 가두었던 사건이 발생했다. 이런 사실을 알고 있는 우리는 렌스델 씨의 "러시아가 무엇을 할 수 있는지 알고 싶은 자는 구치소를 방문해야만 한다"라는 환희에 찬 지적에 얼마나 많이 어이없는 쓴웃음을 지었는지.

우리 형법이 정하고 있는 각종 형벌은 크게 4가지의 대(大)범주들로 나눌 수 있다. 첫 번째는 모든 재산권을 박탈하는 것을 포함한 강제노역이다. 죄인의 재산은 그의 상속자들에게 넘어가며 그는 공민권이 박탈되고 그의 아내는 다른 이와 재혼할 수 있다. 술 취한 간수 누구나 그를 회초리나 채찍으로 얼마든지 매질을 할 수 있다. 시베리아의 광산이나 공장에서 일정 기간 강제노역을 하고 나면 그는 시베리아 지역 중 한 곳에서 평생을 거주하게 된다. 두 번째 범주는 재산권의 완전한 또는 부분적 박탈을 동반하는 강제이주로서 종신 시베리아 거주형과 같은 의미이다. 세 번째 범주는 공민권 박탈 없이 *죄수 중대(arestantskie roty)*(강조-크로폿킨)에서 강제노동하는 모든 죄수가 해당된다. 별 의미 없는 사소한 수많은 형벌을 생략한다면, 네 번째는 행정부의 명령에 따라 불특정 기간으로, 즉 평생의 대부분 시간을 보내도록 재판 없이 시베리아로 추방하는 것이다.

시베리아 유형은 자체로 너무나 광범위하고 드라마틱한 대상이어서 수많은 오해와 거짓된 상상을 낳는 원인이 된다. 그래서 시베리아 유형에 대해 말하는 것은 쓸데없는 짓일 수도 있다. 그렇지만 나는 더욱 많은 지면을 통해 시베리아 유형에 대해 폭넓고 꼼꼼하게 분석해 보리라는 희망을 품고 있다. 이 논문에서는 러시아의 죄수들, 특히 소위 임시 중앙감옥들(Vremennye Tsentral'nye Tjur'my)에 수용된 죄수들의 상태를 검토하는 것으로 논의를 제한한다.

임시 중앙감옥들은 역사가 그리 깊지 않다. 이전에 강제노동에 처해진 죄수들은 곧장 시베리아로, 폐하 직속 광산들, 다른 말로는 황제 개인소유 광산들로 호송되었다. 그런데 그런 광산 중 몇몇이 채산성에 문제가 생겼다. 다른 광산들이 발견되면서 국가가 관리하기에는 이익이 없는 사업이 되었다. 그런 광산들은 개인들에게 판매되었고 개인들은 그 광산으로 재산을 불렸다. 유럽 러시아는 강제노역 죄수들을 자기 지역에 끌어들이기 위해 자구책을 찾아야만 했다. 이 때문에 러시아에서는 시베리아나 사할린으로 호송하기 전에 죄수들을 일정 기간(그들에게 선고된 전체 수감 기간 중 1/3에서 1/4까지) 수용할 몇 개의 중앙감옥들이 건설되었다. 세계 어느 사회이든 그리고 그 사회의 어떤 계층이든 강제노역 죄수들이야말로 범죄자 중에서 가장 질이 안 좋은 이들이라 생각하는 경향이 있었다. 그러나 러시아에서만은 그런 의견이 절대 적용되지 않는다. 살인·강도·도둑·위조범 등이 강제노동 유형(流刑)에 처해진다. 그런데 자살을

기도한 자, 그리고 '성물을 모독한 자나 교회를 모독한 자', 다시 말해서 러시아 사회를 지배하는 공식종교와 단순히 갈등 관계를 맺고 있는 구교도들도 강제노동형에 처해진다. 그리고 '폭동 가담자'도 마찬가지이다. 그러나 러시아에서 사용되는 폭동 가담자라는 말은 유럽의 그것과 어법이 다르다. 러시아에서는 권력에 순종하지 않는 행위가 폭동이며 권력에 불순종하는 자가 곧 폭동 가담자가 된다. 그리고 온갖 구실로 체포된 정치범들이나 대부분이 시베리아에서 탈출한 자와 동의어로 쓰이는 유랑자들도 강제노동에 끌려온다. 살인자 중에는 우리 사이에서는 거의 찾아보기 어려운 잔인무도한 전문 살인자들도 있지만, 배심원 재판을 받았거나 양심적인 변호사의 도움을 얻었다면 무죄가 확실할 그런 상황에서 어쩔 수 없이 사람의 목숨을 빼앗은 사람들도 있다. 어쨌든 매년 강제노동 유형에 보내지는 2,000~2,500명의 남성과 여성 중에서 30%가 살인죄로 선고를 받은 이들이다. 나머지 70% 가운데 '부랑자들'이 35%를 차지하고 같은 비율로 앞서 언급한 하찮은 범죄로 선고를 받은 남성과 여성들이 있다.

중앙감옥들은 가장 엄중한 수준의 형벌을 가할 목적으로 설립되었다. 이렇게 말하는 것이 두려울 지경이지만 어쩔 수 없이 사실대로 토로하자면 중앙감옥을 세운 의도는 수인들에 대한 배려가 적을수록 더 좋다는 것이었다. 수인들로부터 빨리 벗어날수록 또한 더 좋다는 것이었고 그런 의도를 충족시키기 위해 이들 감옥에서는 간수나 감시인들의 대부분을 군인 출신 중 잔인하기로 유명세를 떨쳤던 사람들로 충원했다. 이런 불한당들은 자신들에게 위임된 사람들에게 권력을 무제한으로 행사할 자유가 제공되었으며 그들에게 어떻게 대하든 상관하지 않겠다는 행동의 자유가 제공되었다. 게다가 그들에게는 '할 수 있는 한 무자비하라'라는 명령이 떨어졌다. 그들을 임명한 목적은 훌륭하게 달성되었다. 모든 중앙감옥은 하나같이 진정한 지옥이었다. 그 감옥들 앞에서 시베리아 강제노역형의 끔찍함은 빛을 잃었고 그 감옥들에 실제로 수감되었던 모든 이들은 시베리아로 죄수들을 호송하는 날이 생에서 가장 행복한 날이었다고 이구동성으로 말하였다.

'지체 높은 방문객'의 자격으로 이들 감옥을 둘러보면서 당신이 만약 강력한 감정 상태를 경험하고자 한다면 너무나 실망하게 될 것이다. 당신은 겹겹의 진흙 외에는 아무것도 덮이지 않은 벽을 따라 배치된, 비스듬히 기울어진 판자 침대 위에서 뒹굴뒹굴하거나 몸을 펴고 누워있는 게으른 사람들로 꽉꽉 들어찬, 그냥 더러운 건물을 보게 된다. 어쩌면 당신에게는 '중대 형사범용 특별감방(sekretnaja)'이나 정치범용 몇몇 감방들을 방문하는 것이 허용될 수도 있다. 만약 당신이 죄수들에게 질문을 던지게 된다면 그들은 반드시 당신에게 '모든 것에 매우 만족한다'라고 대답할 것이다. 진실을 알기 위해서는 당신 스스로가 직접 죄수의 상황에 처해 봐야만 한다. 개인들의 내밀한 경험에 관한 이야기들은 많지 않다. 그러나 그런 이야기들은 실제로 존재하고 있으며, 나는 이 지면을 빌어 그런 이야기 가운데 가장 놀랄만한 어느 이야기를 독자들에게 들려줄 터인데 여기에 독자 여러분이 주의를 기울여주기를 바란다. 이 이야기는 너무 흥분하여 물불 안 가리고 상대방에게 덤벼 위해를 가한 죄로 강제노동형이 선고되어 몇 년 동안 수감되었다가 황제의 특사를 받은 어느 장교가 쓴 것이다. 그의 이야기는 『루스카야 레치(Russkaja Rech'. 러시아 말)』이라는 보수주의 성향의 저널에 게재되었는데, 그 당시는 로리스-멜리코프의 주도 아래 감옥 개혁에 대한 수많은 논의가 오가던 시기였으며, 그 유명한 언론의 자유가 넘치던 시기였다. 그래서 어떤 저널도 이 이야기에 담겨 있는 사심 없는 진실성을 인정하지 않을 수 없을 것이다. 또한, 내 친구들이 경험한 내용 역시 이 이야기가 얼마나 진실 된 것인지 확연히 보여준다.

이 이야기에서 언급되는 중앙감옥의 물질적 생활 조건은 크게 특별할 것이 없다. 이들 조건은 러시아 어디에서나 어느 정도는 동일하다. 250명을 수용할 계획으로 감옥을 세웠으나 실제로는 400명을 수용하고 있다면 굳이 위생 조건이 어떠할지는 물을 것도 없다. 이곳의 음식을 평가하자면, 다른 어떤 곳에 비해 더 나쁘지도 않고 그렇다고 더 좋지도 않다고 말하는 것이 정확할 것이다. 수인 1인당 하루에 7코페이카, 내용물은 매우 빈약하다. 왜냐하면, 간수들이나 식재료 담당관은 가정이 있는 사람들이고, 그래서 그들은, 물론 이해도 되지만, 할 수 있는 한 더 많이 축적하려 하기 때문이다. 호밀 흑빵 1/4푼드, 소 내장이나 심장·간·고기 등을 합쳐 7푼드, 껍질을 벗기지 않은 귀리 20푼드와 동일한 양의 시어빠진 양배추에 물만 왕창 부어서 만든 수프, 이런 음식을 러시아에 산재해 있는 수많은 죄수가 부러워할 만하다. 반면 정신적 생활 조건들은 그리 만족스럽지 못하다. 온종일 아무것도 하지 않는다. 그리고 그런 날들이 몇 주일, 몇 달, 몇 년이 계속된다. 사실 작업실이 있기는 하다. 그러나 그곳을 출입할 수 있는 수인들은 전문 기술자들뿐이다(그들이 열심히 일해서 벌어들인 수익은 감옥 감시자들의 짭짤한 부수입이 된다). 다른 수인들은 일도 없고 일할 희망도 없다. 다만 눈 오는 날은 예외가 되기도 한다. 눈이 오면 감옥 소장은 죄수들을 둘로 나누어 한쪽은 눈을 쓸어 눈 더미를 만들게 하고 다른 한쪽은 쌓아놓은 눈 더미를 땅에 도로 흩뿌리도록 한다. 차라리 벌을 받는 것이 수인들이 단조롭고 무미건조한 삶에서 활기를 엿볼 기회가 된다. 특히 내가 지금 쓰고 있는 중앙감옥에서의 처벌은 여러 가지가 있으며 그 방법도 교묘하다. 담배를 피웠거나 그에 준하는 하찮은 잘못을 범한 경우, 죄수들은 이런 규칙 위반을 벌할 목적으로 일부러 고르고 고른, 얼음 같은 겨울바람이 틈새로 불어오는 구석에 놓인 맨 돌판 위에 2~3시간 무릎을 꿇고 있는 처벌을 받을 수 있다. 하찮은 범죄에 대한 그다음 처벌은 무더운 독방이나 기온이 영하에 머무는 추운 지하 독방에 보내는 것이다. 두 경우 모두 죄수들은 돌 위에서 잠을 자야 한다. 처벌 기간은 감옥 소장 마음대로이다.

이 이야기를 우리에게 들려준 화자의 말에 따르면, "'우리 중 몇몇'은 '그곳에서 2주일쯤 붙잡혀 있었는데 그러자 그들은 말 그대로 *신의 세계로 끌어 올려져서는*(강조-크로폿킨) 그 후에는 슬픔도 없고 불평도 없는 곳으로 갔다.'" 저자가 직접 체험한 4년 동안의 감옥 생활에서 있었던 이런 이야기를 듣고 나면 그 기간 동안 감옥의 연평균 사망률이 30%에 달했다는 것이 놀라운 일이겠는가? 그는 계속해서 다음과 같이 말했다. "그런 처벌이 도저히 구제 불가능한 부랑자들에게만 가해졌다고 생각해서는 안 된다. 우리가 점심때 나온 빵을 먹지 않고 저녁에 먹으려고 남겨두었다면, 그리고 혹여 죄수한테서 성냥이라도 찾아냈다면 우리에게도 그런 처벌을 지시하였다."

'부랑자들'의 대우는 다르다. 예를 들어, 어떤 이는 9개월을 어두운 감방 – 처음에는 눈병 환자용으로 지정되었던 감방 – 에서 혼자 감금되어 갇혀 있었다. 거기서 나올 때 눈은 거의 멀어 있었고 정신은 오락가락하는 상태였다. 그렇다고 이것이 가장 나쁜 사례도 아니었다.

화자는 계속해서 우리에게 이야기해 주었다. "으레 저녁이면 감옥 소장은 순찰을 했다. 그리고는 보통 자신이 시간을 보낼 때 가장 즐겨 하는 일, 즉 매질을 시작했다. 상당히 폭이 좁고 긴 의자를 가져오게 했고 얼마 지나지 않아 그곳은 신음으로 가득 찼다. 하지만 소장은 시가를 피우면서 눈을 떼지 않고 매를 셌다. 회초리는 엄청나게 컸고, 사용하지 않을 때는 물속에 보관해서 회초리가 더 잘 낭창낭창해지도록 했다. 10번의 매질 후에는 신음도 끝이 났고 다만 거칠게 내뱉은 쉰 소리만 흘러나왔다. 보통은 단체로 매질이 시행되었다. 5명, 10명씩 또는 더 많은 수의 수인들에게 매질을 했고 태형이 끝나면 그 자리엔 거대한 피 웅덩이가 고여 있었다. 길을 지나가던 사람들은 그런 일이 있을 때면 감옥 맞은편 쪽 인도로 건너간 다음 끔찍하고도 무서워서 성호를 그었다. 그런 무대가 있고 난 후에는 매번 우리에게는 2~3일의 상대적 고요가 찾아왔다. 왜냐면 매질이 감옥 소장의 신경을 안정시키는 작용을 했기 때문이다. 그러나 곧 그는 또다시 자신의 원래 모습으로 돌아갔다. 그가 술에 잔뜩 취해서 왼쪽 귀가 처지고 머리가 엉클어져 있을 때나, 사냥을 나갔으나 아무것도 잡지 못해 텅 빈손으로 집으로 돌아갈 때면 우리는 회초리가 바로 그날 저녁에 작업을 시작할 것이라는 사실을 알았다."

감옥에서의 삶이 어떠했는지, 얼마나 분개할 만한 사건이 많았는지 시시콜콜 더 자세히 이야기할 필요는 없을 것 같다. 그러나 이곳을 찾는 외국인 방문객이라면 반드시 염두에 두고 있어야 할 사항은 있다.

화자는 우리에게 이렇게 말했다. "어느 날, 감옥 감독관이 우리를 방문하였다. 급식을 흘끗 훑어보더니 우리에게 음식은 어떤지, 무슨 불평할 것은 없는지 물었다. 수인들은 모든 것에 충분히 만족하고 있다고 말하였을 뿐만 아니라 자신들이 감옥에서는 한 번도 냄새조차 맡아보지 못한 음식들을 나열하기까지 했다." 이 이야기의 화자는 이렇게 덧붙이고 있다. "이는 매우 자연스러운 일이다. 만약 불평을 말했다면 감독관은 책임자에게 사소한 지적을 하고 떠나버렸을 것이다. 그러면 불평을 말했던 수인들은 남겨져서 자신들의 용감함에 대해 회초리와 독방으로 값을 치러야 했을 것이다."

지금 여기서 언급되고 있는 감옥은 페테르부르크에서 그리 멀지 않은 곳에 있다. 더 멀리 떨어진 지방의 감옥들이 어떠할지는 독자가 스스로 상상할 수 있을 것이다. 나는 위에서 하리코프와 페름의 감옥에 관해 이야기했었다. 『골로스(Golos, 목소리)』의 지면(誌面)에 실린 내용에 따르면, 심비르스크 중앙감옥은 약탈과 도적질의 소굴이다. 나의 친구들도 정치범들을 수용하고 있는 하리코프 현의 제2 중앙감옥에 대해서 언급한 적이 있다. 친구들은 정치범들이 형사범보다 훨씬 더 열악하게 생활하고 있다고 말했다. 정치범들은 3~5년 홀로 독방에 감금되는데, 감방은 어둡고 습하며 크기는 10×6 푸트[18]이다. 여기에 갇히면 사람들과의 어떠한 관계도 완전히 단절되어 버린다. 나는 2년 6개월 동안 그런 독방에 혼자 수감되어 있었다. 이런 나 자신의 개인적 경험에 비추어 보건대 러시아에서 적용되고 있는 그런 형태의 감금은 인간이 감내할 수 있는 가장 잔혹한 고문 중 하

---

18) 미터법 이전 러시아의 길이 단위. 1푸트(fut)는 0.305미터. 피트라고도 한다.

나라고 주저함 없이 감히 단언한다. 아무리 건강하고 단단한 사람이라 할지라도 한번 독방에 수감되고 나면 수인의 건강은 되돌릴 수 없는 타격을 입는다. 군사학은 적에게 포위된 상태에서 몇 개월을 버틴 수비대가 어쩔 수 없이 식량 보급마저 줄어들게 되는 상황에 직면할 경우 그 어떤 상태에서보다 사망률이 급격히 올라가게 된다고 가르친다. 이것은 비단 적에게 둘러싸인 수비대에게만 적용되는 통계가 아니다. 그것은 독방에 수감된 사람들에게도 마찬가지 상황이 된다. 신선한 공기의 부족, 육체적·정신적 운동의 부재, 습관화된 침묵, 우리가 자유 상태에서 낮에도 밤에도 지각하게 되는 수없이 많은 인상의 부재, 우리의 상상이 생산한 것 외에 어떠한 인상들도 우리에게 도달하지 못한다는 사실, 이 모든 것이 뒤섞이면서 단독 감금은 확실하고 잔인한 살인 형식이 된다. 옆방 수인과 대화할 기회가 있으면 (벽을 가볍게 두드려) 날아갈 것 같은 기분을 느낀다. 일 년 내내 또는 2년이 다 되는 기간 동안 나머지 인류와 완전히 단절되어 있던 사람만이 그 대화가 얼마나 위대한 가치를 가지는지를 정당하게 평가할 수 있을 것이다. 그러나 이런 대화는 새로운 고통의 근원이 되기도 한다. 왜냐면 당신은 매일 당신 이웃이 점점 미쳐가는 것을 관찰하게 되고 그가 보내는 매번의 메시지에서 그의 병든 뇌를 가득 채우고 불안케 하는 끔찍한 형상들을 발견하면서 당신이 경험하는 것들이 늘 그러하듯이 당신 자신의 도덕적 고통과 합쳐지기 때문이다. 정치범들은 재판을 기다리는 3~4년 동안 독방에 감금된다. 그러나 판결을 받아 이감된다 하더라도 상황은 나아지지 않는다. 오히려 판결 후에 하리코프 중앙감옥으로 호송되면 정치범들의 상황은 더욱더 나빠진다. 그곳의 감방들은 그 어느 곳보다도 어둡고 습할 뿐만 아니라 음식도 보통 이하이다(하루 식비로 5코페이카가 산정되어 있다). 이에 더해서 수인들은 온갖 교묘한 방법 때문에 어떤 노동도 할 수 없게 된다. 어떤 도서도 제공되지 않는다. 물론 필기도구도 마찬가지이다. 또한, 수작업을 위한 어떤 도구도 제공되지 않는다. 아픈 영혼을 완화할 기회는 없으며 병든 정신 활동을 집중할 것이 아무것도 없고 육체가 쇠약해지고 허약해짐에 따라서 정신은 점점 더 야만적이고 절망적으로 되어간다. 육체적 고통은 어떻게든 참고 견뎌낼 수 있는 경우가 많다. 전쟁, 종교적 박해, 전염병에 관한 기록은 육체적 고통을 어떻게 감내했는지 보여주는 사례들로 가득하다. 그러나 도덕적 고통, 특히 몇 년씩이나 이를 견뎌낸 다음에 앞으로 더 많은 세월을 참고 인내하라고 요구하는 것은 거의 불가능하다. 우리 친구들은 스스로가 이것을 확인시켜 주었다. 수인들은 처음에는 사전 구속을 당하는 요새 감옥이나 구치소에서, 그다음에는 중앙감옥에서 빠르게 쇠약해지며, 그래서 천천히 무덤으로 떠나가던지, 또는 이성을 잃게 된다. 그들은 헌병들로부터 성폭행을 당한 후 전도유망한 젊은 여류 화가 M 씨가 미쳐버렸던 것처럼 그렇게 한순간에 미쳐버리는 것이 아니다. 그 여류 화가는 단번에 이성을 잃었다. 그녀의 정신착란은 수치심 때문에 단번에 일어났다. 그러나 정치범들에게는 정신착란이 점진적으로 천천히 일어나게 된다. 이성은 '시간이 흐름에 따라서' 육체에서 사라져가게 된다.

1878년 7월 하리코프 감옥에 수감된 사람들의 삶은 너무나 참기 힘들었다. 그들 중 6명이 스스로 굶어 죽기로 했을 정도였으니 말이다. 그들은 일주일 내내 음식을 거부하였다. 감옥 소장이 주사를 맞혀 그들에게 영양을 공급할 것을 명령하였으나 이후에 벌어진 광경들은 감옥 당국이 이런 생각을 포기하도록 만들었다. 그들이 감옥의 일상으로 복귀하도록 설득하기 위해서 관리소 측은 어느 정도 양보를 하고 이를 지키겠다고 약속을 해야만 했다. 예를 들어 정치범들은 도보로 산책할 수 있게 해주겠으며, 병자들에게는 족쇄를 채우지 않겠다는 것이다. 그러나 이런 약속 중 어느 하나도 지켜지지 않았다. 5년이란 긴 세월 동안 살아남은 사람들은 위에서 언급한 그 간수의 전횡에 완전히 맡겨진 채로 남겨졌다. 여러 중앙감옥에 수감되었던 우리 친구 첫 번째 그룹이 몇 개월 전 카라 광산으로 호송되었다(이 광산들에 도착한 정치범 수는 남성과 여성을 모두 합쳐 154명에 달했다). 그들은 평생 시베리아에 살아야 한다는 것을 명확히 알고 있었지만 그래도 이 지옥으로 이주한 그 날은 행복한 해방의 날로 여겼다. 중앙감옥을 거치면 시베리아 강제노동조차도 천국으로 여겨졌다.

독자 여러분들은 이 이야기보다 더 혹독한 단독 감금 상황은 있을 수 없다고 생각할 수 있다. 그러나 러시아 정치범들은 이보다 더 끔찍한 운명을 충분히 저장해 놓고 있다. 1880년 11월 '16인 사건(delo 16-ti)'[19]이 있고 난 후 유럽 사람들은 사형이 선고된 5명 중에서 세 명이나 감형되었음을 알고 매우 만족스러워했다. 이제 우리는 사형을 감면시켜 주었다는 것이 대체 무엇을 의미하는 것인지 안다. 법에 따라 시베리아나 중앙감옥 중 어느 한 곳으로 보내져야 마땅하지

---

19) 황제암살과 국가반역죄로 기소된 16인에 대한 판결. 육군 소장 S. A. 레이흐트가 이끄는 상트페테르부르크 군사 법정은 처음에는 16인 가운데 코뱌트니콥스키, 시프야예프, 티호노프, 오클랏스키, 프랴스냐코프 등 5명에게 사형을 언도했으나 사회여론을 의식한 내무대신 로리스-멜리코프의 조언을 받아들여 코뱌트니콥스키와 프랴스냐코프만을 사형에 처하고 나머지 3인은 종신 강제노동형으로 감형한다.

만, 그 대신에 페테르부르크의 페트로파블롭스크 요새에 있는 예전 반달형 보루 안에 세워진 감방에 그들을 유폐시켰다.[20] 이런 감방들은 너무나 어두워서 초를 24시간 중 22시간 동안 밝혀두어야 할 정도였다. 벽에서는 습기가 말 그대로 물방울로 맺혀서는 똑똑 떨어졌고 그리하여 '바닥에는 물웅덩이'가 고여 있었다. "책뿐만이 아니라 관심을 쏟는 데 도움이 될 수 있는 어떤 것도 소유가 금지되었다. 주봅스키는 소일거리를 만들려고 빵으로 기하학적 문양들을 만들었다. 그러자 당장에 그 모형들을 압수해 갔다. 간수의 말에 따르면 강제노역 죄수들에게는 즐기며 시간을 보내는 것이 허락되지 않는다는 것이었다." 단독 감금을 더욱더 견딜 수 없이 만들기 위해서 감방 내부에 헌병과 군인을 배치했다. 헌병은 항상 만반의 준비를 하고 있어서 만약 수인이 무엇인가 또는 어떤 한 지점을 조금이라도 집중해서 쳐다볼라치면 헌병은 무엇이 수인의 관심을 끌었는지 즉시 보러 간다. 단독 감금의 공포는 이 덕분에 10배로 증대된다. 가장 온순한 수인도 그에게 붙은 밀정들을 증오하기 시작하고 그들 때문에 미쳐가기 시작한다. 아주 사소한 반항도 매질이나 독방으로 처벌된다는 사실을 첨언하는 것은 사족에 불과하다. 이 상태에 처하면 어떤 사람이라도 곧 병이 난다. 움직임이 적어질수록 일 년 후 폐병에 걸릴 확률은 급격하게 증가한다. 건강하고 군센 노동자였으며 재판에서 행한 그의 훌륭한 발언이 런던 신문들에 실리기도 했던 오클랏스키는 결국 미쳐버렸다. 역시나 굳세고 강단 있는 남자였던 티호노프는 괴혈병(tsynga)이 덮쳐서 심지어 침상에 앉지도 못할 상태가 되었

---

20) 그들의 감금에 대한 진실한 보고는 『나로드나야 볼랴(Narodnaja Volja: 인민의 의지)』 최신 호에 게재되었고 『나 로지네(Na Rodine: 조국에서)』에 재(再)게재되었다.

다. 이 세 명 모두를 일 년 만에 죽음의 문턱으로 내몰기에는 ‘선고 교체(zamena prigovora)’ 하나로 충분했다. 강제노동형을 선고받고 같은 요새 감옥에 수감되었던 나머지 다섯 명 중 두 명, 마르티놉스키와 추케르만은 미쳐버렸는데 그런 상태로 계속 독방에 수용되었다. 결국, 마르티놉스키는 자살을 기도하였다.

나는 여기서 러시아 정치범이나 형사범의 삶을 더욱더 자세하게 검토하거나 이들의 삶을 조명해줄 또 다른 사실들을 인용하지는 않겠다. 그들의 삶이 어떠했는지 독자들이 그려보는 데에는 앞서 언급한 것만으로도 충분하다. 내가 너무도 끔찍한 이유로 앞에서 매우 상세하게 인용했던, 감옥에서의 삶에 대한 그 이야기의 결론은 러시아 정치범과 형사범의 삶을 총체적으로 정리하고 있다. 화자는 이렇게 말하고 있다.

“이야기를 가름하면서 마지막으로 다음의 상황을 덧붙이고자 한다. 현재 감옥은 새로운 소장이 맡게 되었다. 과거 소장은 죄수들의 급식 문제로 재정담당 관리자와 싸웠고 결국 둘 다 해고되었다. 새로운 감옥 소장은 그 선임자처럼 그렇게 불한당은 아니다. 그러나 그가 소장에 취임하게 되자 수인들은 예전보다 훨씬 더 굶주리게 되었다고들 한다. 그리고 자기 주먹으로 자신이 담당하고 있는 수인들의 면상을 마음대로 후려갈기면서 완전히 제멋대로 해버리는 나쁜 습관에 젖어 들었다고 한다.”

이 지적은 러시아의 ‘감옥 개혁’이 표상하는 모든 의미를 담고 있다. 박해자를 해고할 수는 있다. 하지만 그보다 더 좋다고 볼 수 없거나 더 못할 수도 있는 다른 이가 그를 대신한다. 감옥 상태를 어느 정도라도 개선하기 위해서는 몇몇 개별적인 사람들을 교체하는 것이 아니라 모든 시스템을 개혁해야만 한다. 얼마 전 정부가 위임한 특별위원회도 똑같은 결론에 도달했었다. 그러나 개선이 우리가 현재 그 안에서 살아가고 있는 그런 체계가 존재하는 동안 가능하다고 상정하는 것은 단순히 자기기만일 뿐이었다. 6개 이상의 위원회들이 이미 이 일을 검토하였고 그 위원회들 모두가 이른 결론은, 정부가 대단히 엄청난 규모의 지출을 할 준비가 되어있지 않으면 우리 감옥은 현재의 그 상태로 남겨지게 된다는 것이었다. 그러나 돈보다 훨씬 더 많이 필요한 것은 양심적이고 능력 있는 사람들이지만, 현 정부는 그들을 원하지도 않고 찾을 수도 없다. 그런 사람들은 러시아에 있다. 그것도 아주 많다. 그러나 그들의 봉사를 청하지 않는다. 렌스델 씨는 그런 사람을 한 사람 알고 있다. 카라 강제노동 마을의 책임자 코노노비치 대령이다. 렌스델 씨는 그를 이렇게 묘사하였다. 렌스델 씨에 따르면, 코노노비치는 국고에서 어떤 불필요한 지출도 하지 않고, 나쁜 날씨 때문에 무너지고 폐허가 된 건물들을 수리하여 그럭저럭 사람이 살만한 곳으로 만들었다. 어떻게 그는 자신이 관리했던 그 보잘것없는 자금으로 수인들의 배급을 개선할 수 있었을까. 이 모든 이야기는 있는 그대로이다. 그러나 렌스델 씨의 찬사는, 시베리아에서 부쳐진 그러나 도중에 강탈된 편지에서 언급한 찬사와 뒤섞여 정부가 코노노비치를 의심하게 만드는 충분한 원인을 제공하였다. 그는 즉시 해고되었고 그의 후임자는 또다시 예전 철의 규칙을 도입하라는 명령을 받았다. 법적 감금 기한이 지난 후 감옥에서 어느 정도의 자유를 누렸던 정치범들은 다시 족쇄를 차야만 했다. 그러나 모든 사람이 옛 규칙으로 되돌아간 것은 아니었다. 왜냐면 두 명은 스스로 목숨을 끊었기 때문이다. 그리고 또다시 모든 것이 정부가 바랐던 대로 흘러갔다. 렌스델 씨가 훌륭하게 평가하였고 그렇게 말할 수 있는 근거가 충분했던 또 다른 인물인 페다센코 장군도 수인 세드린에 대해 군사 재판이 내렸던 사형 판결을 승인 거부했다는 이유로 교체되었다. 세드린은 한 장교가 자신의 두 친구의 부인인 보고몰레츠와 코발스카야를 모욕하는 것을 보고 그 장교에게 주먹을 날린 죄로 불행히도 사형 선고를 받았다.

어디나 마찬가지였다. 수인들에게 아무리 사소한 배려라도 조금이라도 했다면 해고는 확실하고 미움까지 받게 된다. 상트페테르부르크 근교에 교정소가 있는데 그곳은 미성년 범죄자들을 위한 소년 교화소이다. 게르드라는 이름의 한 사람이 있었다. 그는 유명한 스코틀랜드인의 손자였다. 그 스코틀랜드인은 알렉산드르 1세 때 우리 감옥의 개혁을 위해 일했고 이런 불행한 아이들을 돌보는 데 몸과 마음을 다 바쳤다. 그는 열정적인 사람이었으며 매력적인 인물이었다. 그는 온 마음을 자기 일에 집중했다. 그는 페스탈로치에 비견될 수 있는 사람이다. 그의 고결한 영향 아래에서 아이들, 즉 거리와 감옥의 모든 죄악으로 전염된 좀도둑들과 몹쓸 쓰레기들이 사람이 되는 법을 배웠다. 사람이라는 말이 갖는 가장 훌륭한 의미에서 말이다. 얼마 지나지 않아 진짜로 '모범적'인 시설이 되었던 이 소년 교화소에서 가장 끔찍한 처벌로 간주된 것은 공공 작업소나 작업반에서 쫓겨나는 것이었다. 그러나 게르드와 같은 사람들은 우리 정부가 요구하는 그런 사람들이 아니다. 그는 직위에서 해임되었고 그가 그렇게도 현명하게 관리했던 기관은 평범한 러시아 감옥으로 변했다. 감옥이라면 으레 있는 회초리부터 독방까지 모든 특징을 골고루 갖춘 러시아 감옥으로 바뀌고 말았다.

이런 사례들을 통해 지금 우리에게 무슨 일이 일어나고 있는지, 그리고 앞으로 우리는 무엇을 기대할 수 있는지에 대해서 분명하게 알 수 있다. 러시아의 감옥이 바뀔 수 있을 것으로 생각하는 것은 어린애같이 순진한 짓이다. 우리의 감옥은 현 체제하의 우리 삶 전체를 반영하는 것이다. 지금의 감옥은 우리 통치 체제가 송두리째 바뀌고 우리 삶이 근본적으로 변혁될 때까지 그대로 남아 있을 것이다. *러시아가 할 수 있는 그 무엇*(강조-크로폿킨)을 보여줄 수 있을 때, 바로 *그때*(강조-크로폿킨) 감옥은 바뀌게 될 것이다. '훌륭한 감옥'이라는 말이 판치는 세상에서 범죄자의 의미가 사전적 해석과는 다른 의미로 이해되기를 기대해본다.

2. 유형의 러시아. 시베리아까지 유형수의 여정

시베리아, 이 추방의 나라는 유럽인들의 관념에는 항상 공포의 나라, 족쇄와 채찍의 나라로 생각된다. 그곳에서는 잔인한 관리들이 수인들을 죽을 때까지 매질하고, 그곳 광산들에서는 견디기 힘든 노동으로 수인들을 혹사한다고 생각한다. 러시아 정부가 자신의 적들에게 끔찍한 박해를 가하고 민중에게는 필설로 형용할 수 없는 고통을 심어주는 곳, 바로 그곳이 시베리아라고 사람들은 생각한다. 의심의 여지 없이, 러시아인이든 외국인이든, 우랄산맥을 넘어서 한쪽에는 '유럽', 다른 쪽에는 '아시아'라고 쓰인 경계 기둥, 그 분수령에 멈췄던 사람이라면 누구나 통곡과 신음의 나라로 들어서게 된다는 생각에 전율을 느끼지 않을 수 없었을 것이다. 적지 않은 여행객들은 시베리아 경계 기둥에 단테의 지옥이라는 묘비명을 붙여놓는 것이 낫다고 아마도 속으로 생각했을 것이다. 그 두 마디가 세상의 두 부분을 경계 짓는 말로 적절하다고 생각되었기 때문이다.

그러나 여행객이 서시베리아의 드넓은 초원으로 나아갔을 때, 시베리아 농민의 상대적인 유복함과 독립적인 성격을 보고 그들을 러시아 농민의 가난과 고분고분한 굴종과 비교하게 될 때, 여행객이라면 으레 '옛날에는 강제노동 유형수'였을 것이 틀림없다고 여기는 시베리아인들이 자신들을 얼마나 환대해주는지 알게 되었을 때, 시베리아 여러 도시에 사는 사람들 가운데 누가 인텔리겐챠이고 누가 유형수인지 구분할 수 없을 때, 누구나 참여하여 수많은 주제를 놓고 활발하게 대화를 주고받는 와중에도 유형수에 관한 이야기가 대화의 주제로 단 한 번도 오르지 않을 때, 외국인에게 시베리아의 유형수들은 러시아 농민들보다 훨씬 더 잘살고 있다고 무뚝뚝하게 말하는 동방 양키들의 오만한 반박들을 들을 때, 바로 그럴 때면 여행객은 범죄자들이 우글거리는 거대한 북쪽 수용소에 대한 이전의 관념이 너무나 과장되었고, 총체적으로 시베리아 유형수들은, 어쩌면, 감상주의 작가들이 묘사한 것처럼 그렇게 비루하게 살고 있지는 않다는 쪽으로 기울어지게 된다.

외국인들만 그런 것이 아니라 시베리아를 방문했던 많은 이들이 이런 오류를 범하였다. 필연적으로 어떤 우연한 상황이 있기 마련이다. 예를 들어, 늦가을인데도 폭풍우가 몰아치는 와중에 진흙탕 길을 따라 호송대의 감시를 받으며 걸어가는 유형수 무리를 마주친다거나, 바이칼 호숫가에서 폴란드 봉기와 조우한다거나, 또는 아돌프 에르만이 겪었던 것처럼 야쿠티야 숲에서 일단의 유형수 무리를 만나는 것 - 아돌프 에르만은 그 만남을 자신의 <여행기>에서 그렇게도 따뜻하게 묘사하였다 - 같은 일은 늘 있기 마련이다. 여행객이 공식적인 기만과 비공식적인 무관심 사이에서 진실에 다가갈 수 있도록 필수적인 자극을 경험하기 위해서는 한 마디로 어떤 우연하고 놀랄만한 사실과 부딪치는 과정이 필요하다. 또한, 그의 눈이 열리고, 그 눈앞에 '시베리아 유형'이란 이 두 마디에 숨겨져 있던 고통의 심연이 열리기 위해서라면 이 과정이 반드시 있어야 한다. 그때 그는 공식적 역사 외에 시베리아에는 또 다른 슬픈 역사가 있으며, 시베리아 정복부터 현재까지 그 역사를 관통해서 유형수의 신음이 일관되게 흐르고 있다는 사실을 알게 된다. 그때 그는 시베리아에 대한 보편적인 관념이 아무리 음울하다 할지라도 그 관념은 끔찍하고 노골적인 진실보다는 그래도 더 밝다는 사실을 알게 된다. 그가 오래전에 들었고 그래서 그 후 먼 과거에 대한 이야기쯤으로 간주했던 그런 끔찍한 이야기들은 실제로 지금도, 인본주의 원칙들에 대해서 그렇게도 많이 언급하면서도 그 원칙들에 대해서 너무나도 배려가 없는 우리 시대에도 벌어지고 있는 것들을 그대로 담아내고 있다.

나는 300년이 넘는 긴 역사를 이야기하고 있다. 모스크바의 차르들은 그들의 폭동참가자-카자크들이 '절벽 너머(우랄산맥 너머)' 새로운 지역을 정복하였다는 사실을 듣게 되자마자, 거기로 유형수를 보내기 시작하였고, 카마 발원지에서 오호츠크해까지 70년 동안 건축했던 요새들을 연결하는 길과 강을 따라 정착할 것을 그들에게 명령하였다. 사슬에 묶인 이주민들은 그 누구도 자발적으로 정착하려 하지 않았던 그곳에서 야만적 자연과의 절망적 투쟁을 시작해야만 했다. 강화되는 차르 권력이 자신들에게 가장 위험하다고 간주했던 바로 그 사람들을 우리는 '산맥 너머 새로운 땅을 찾으라고' 파견되었던, 가장 선봉에 섰던 카자크 부대원들과 나란히 발견하게 된다. 아무리 거리가 엄청나게 멀다고 하더라도, 사람이 결코 살 수 없다고 여겨지는 어떤 야생의 지역이라 할지라도, 의심 많은 귀족 관리국은 이런 요소들을 유형수들과 제국의 수도를 구분하는 훌륭한 장벽일 뿐이라고 생각하였을 것이다. 바로 황제 통치의 경계에 – 북쪽 지대 너머에, 오비강을 따라 툰드라 지대에 또는 다우르 산맥(Daurskie gory) 너머에 – 새로운 요새가 세워졌거나 새로운 수도원이 건축되었다. 거기에는 유형수들이 있었고 자신들이 직접 자신들을 가둘 감옥을 건축하였고 그곳에 묻힐 운명이었다.

현재에도 시베리아는 거대한 산, 깊은 숲, 거세게 흐르는 강물, 엄혹한 기후 때문에 이주민들에게는 가장 험난한 지역 중 하나로 꼽힌다. 그렇다면 300년 전에는 어떠했으리라는 것을 상상하기란 어렵지 않다. 현재도 이곳은 관리들이 가장 제멋대로 전횡을 부리고 난폭하게 다스리는 러시아 제국의 일부이다. 17세기에는 그런 경우에 이와 관련해서 무슨 일이 벌어졌을까? "강은 얕다. 기선들은 거대하다. 상관들은 모두 비양심적인 사람들이다. 그들의 몽둥이는 커다랗다. 그들의 채찍은 가죽을 찢고 그들의 고문은 잔혹하다. 불과 형틀. 사람들은 굶주리고 불행한 사람들은 고문 후에 바로 죽어간다." 아무르를 점령하러 가던 첫 번째 부대원들 사이에서 우리가 마주했던 구교의 성직자이자 광신자인 아바쿰 사제는 이렇게 썼다. "주여, 이런 고문은 얼마나 오랫동안 계속될 것인가요?" 그의 아내가 이미 5년이나 계속된 여행 후에 기진맥진하여 꽁꽁 얼어붙은 강바닥 위에 쓰러지면서 물었다. "여보, 평생, 우리가 죽을 때까지라오." 강철 같은 성격의 이 여행자(아바쿰 사제-역자)는 그렇게 대답하였다. 남편도 아내도 둘 다, 그들이 직접 파낸 얼음 움집 벽에 사제가 묶이게 될 그곳으로 자신들의 길을 계속 재촉했다.

17세기 초부터 시베리아로의 유형수 유입은 결코 중단된 적이 없었다. 17세기 초에 우리는 통치자 보리스 고두노프의 명령으로 어린 드미트리가 살해당했다는 것이 알려졌을 때 경종을 울렸던 우글리치 주민들이 자신들이 울렸던 종을 들고 페름으로 유형에 보내진 사실을 우리는 잘 알고 있다. 사람들은 귀와 혀가 잘리고 그들이 울렸던 종은 우그러져서 툰드라의 저 끝 작은 마을에 유폐된다. 그 후 교회법에서 니콘이 행한 귀족적 개혁에 반대해서 봉기한 분리파 교도들이 그들의 뒤를 따랐다. '3천 명 학살'이라 불리는 그런 대학살을 피했던 사람들은 살아남기 위해 시베리아 광야로 나아갔다. 그들의 뒤를 이은 사람들은 농민들이었다. 농민들은 자신들에게 부당하게 들씌워진 멍에를 벗어던지려는 절망적 몸짓을 했던 것이었다. 귀족 통치에 반대해서 폭동을 일으켰던 모스크바 평민들의 지도자들, 표트르 1세의 파멸적인 폭정에 반대하여 봉기했던 친위병 부대, 독립과 구체제를 위해 싸웠던 소러시아인들, 러시아 제국의 성장하는 위력의 압제에 복종하길 원치 않았던 모든 소수민족, 독립을 회복하려고 시도할 때마다 시베리아로 수천 명씩 유형에 처해졌던 폴란드인들(세 번의 대규모 폴란드인 유형과 몇 번의 소규모 폴란드인 유형) 등이 줄줄이 그 뒤를 이었다. 그 후에는 러시아가 자국 내 도시나 마을에 수용하기를 꺼리는 모든 사람, 즉 살인자와 단순한 부랑자들, 분리파 교도들과 폭도들, 여권을 지불할 돈이 전혀 없는 도둑과 거지들 등이 이 대열에 합류했다. 자신의 주인에게 미움을 산 농노들도 빼놓을 수 없다. 더 이후에는 군(郡) 경찰서장의 분노를 샀거나 계속 증가하는 세금을 지불할 수가 없었던 '자유' 농민들도 있었다. 그들은 모두 질척질척한 저지대나 깊은 숲이나 음침한 광산으로 죽으러 들어갔다. 이런 유입은 지금 우리 시대까지 계속되고 있으며 무서운 비율로 계속 증가하고 있다. 19세기 초에 매년 7~8천 명이 유형에 보내졌다. 폴란드 봉기 이후 그랬던 것처럼 이 수치가 2배로 증가했던 그런 연도들도 있었음은 굳이 말할 필요가 없으며, 지금은 1만 8천~1만 9천 명이 유형에 보내지고 있다. 이렇듯 유형에 대한 공식적인 첫 통계가 잡히고 보고가 이루어진 1823년부터 우랄산맥을 건넜던 총인원 수는 6십만 명 이상이다.

시베리아에서 강제노동과 유형을 견뎠던 사람 중 소수만이 자신의 쓰디쓴 경험을 문서로 털어놓았다. 그들 중에는 아바쿰 사제도 있으며 그의 서한들은 지금까지도 분리파 교도들의 맹신에 더 불을 지피는 기름이 되고 있다. 멘시코프, 돌고루키, 비론, 그리고 여타 다른 고위층 유형수들과 관련된 슬픈 역사는 그들에게 공감했던 사람들의 손을 통해 후손에게 전달되었다. 1827년 교수형을 당한 우리의 젊은 공화주의자-시인 릴레예프는 '보이나롭스키(Vojnarovskij)'라는 아름다운 서사시에서 어느 소러시아 출신의 애국자가 겪었던 고난을 묘사하였다. 1825년 12월 26일 봉기로 유형에 보내진 12월 당원들의 몇몇 회상록들과 '러시아 여인들'이란 네크라소프의 서사시는 지금까지도 젊은 러시아인들의 심장에 억압받는 자들에 대한 사랑과 억압자들에 대한 증오를 불러일으키고 있다. 도스토옙스키는 감옥 생활의 심리를 뛰어나게 그려낸 작품 속에서 1848년 이후 옴스크 요새 감옥에서 자신이 겪은 것을 이야기하였다. 몇몇 폴란드인들은 1831년과 1848년 혁명 이후 자신들의 친구들이 경험한 수난을 묘사하였다……. 그러나 그들이 철봉에 묶인 채 모스크바에서 자바이칼의 광산까지 2~3년의 여정을 시작했던 그 날 이후부터, 그들이 강제노동과 빈궁으로 인해, 자신의 고향으로부터 7000베르스타나 떨어진 곳에서, 그들에게는 너무나 낯설고, 그 주민은 강하고 지혜롭지만, 이기주의적인 인종이었던 그 나라에서 죽어갈 때까지, 5십만 폴란드 민중-유형자들이 겪었던 고통은 과연 무엇과 비견될 수 있단 말인가!

그 이름이 지금까지도 자바이칼의 여러 마을에서 공포심을 불러일으키는, 전설적인 괴물 라즈길데예프의 채찍을 견디었던 수천 명 사람의 고통, 탈주를 시도했다는 이유로 7천 대의 매를 맞고 죽었던 폴란드인 초칼스키(Chokal'skij)와 그의 친구들이 겪었을 고통, 이런 소수가 경험했던 고통은 대체 무엇이라 말해야 할까. 또 극도의 굶주림, 과도한 노동과 치욕스러운 모멸의 삶에서 벗어나고자 남편의 뒤를 따라 죽음의 길을 걸었던 수천 명 여인이 겪었을 고통은 무엇에 견줄 수 있단 말인가. 그리고 매년 시베리아에서 탈주를 감행하여 버섯이나 야생 열매만으로 연명하면서도 마침내 다시 고향 마을과 가까운 사람들을 만나리라는 희망으로 자신을 북돋우며 처녀림을 떠도는 수천 명의 사람이 당하고 있는 고통은 대체 무엇과 비교된다는 말인가.

북방의 작은 마을들에서 무의미하게 살아가다가 예니세이강의 맑은 물속에 뛰어들어 자신의 쓰디쓴 생을 마감하는 수천 명 사람의 비극적 고통, 그렇게 눈에 잘 띄지는 않지만 그렇다고 눈을 씻고 잘 보면 아주 안 보이는 것도 아닌 그 고통을 누가 묘사하였는가? '강제노동과 유형'에 대한 저작[21]에서 막시모프는 이런 고통을 감추고 있

---

21) S. V 막시모프의 『시베리아와 강제노동, 제 1, 2, 3권』(1871)을 말한다.

는 장막의 모서리를 들추려고 시도하였다. 그러나 그는 이런 음울한 그림의 아주 작은 부분만을 보여주었다. 전체적으로 그 그림은 지금까지 그랬듯이 십중팔구는 미완성으로 남게 될 것이다. 그 그림이 보여주는 특색들은 시간이 지남에 따라 사람들의 이야기나 유형수들의 노래 속에서 가벼운 흔적만을 남긴 채 사라지게 될 것이다. 10년마다 계속 증가하는 유형수의 무리에는 새로운 특징들, 새로운 유형의 재난이 더불어 유입될 것이다.

물론, 나는 잡지 기사라는 협소한 액자 안에서 이 그림 전체를 그려내려고 시도하지 않을 것이다. 필요하다면 최근 10년 동안 유형이 어떻게 흘러왔는지를 묘사하는 것으로 내 노력을 제한하고자 한다. 이런 짧은 기간 동안 시베리아로 적어도 165,000명 이상의 사람이 유형에 처해졌으며 이것은, 만약 모든 유형수가 '범죄자'라면, 7천2백만 주민과 대비하여 매우 높은 범죄율을 보여준다. 그러나 실제로 이 숫자의 절반에 못 미치는 비율만이 법원 판결에 따라 우랄산맥을 넘었다. 나머지는 재판도 해보지도 못한 채 행정부의 간단한 명령이나 마을공동체 - 지역 당국이 거의 언제나 전능한 권력을 행사하는 - 가 결정한 선고에 따라 시베리아로 던져졌다. 1868~1876년 동안 우랄산맥을 넘었던 151,184명의 유형수 중에서 78,676명 이상이 이런 마지막 범주, 행정명령에 의거해서 유형에 처해졌다. 나머지가 재판에 따라 유죄 판결을 받은 수치이다. 18,582명은 강제노동형을, 54,316명은 시베리아 이주형을 선고받았다. 기한은 명확하게 정해진 바 없이 대부분이 평생이며, 모든 공민권을 박탈당한 채 그런 선고를 받기도 했으며 일부는 공민권을 유지할 수 있었던 상태로 그런 선고를 받았다.[22]

20년 전만 하더라도 유형수들은 모스크바에서 그들의 유형지로 규정된 곳까지 전 구간을 걸어서 가야만 했다. 이런 식으로 그들은 자바이칼리야의 강제노동 마을에 도달하기 위해서 약 7000베르스타를, 야쿠티야까지는 8000베르스타를 걸어가야만 했다. 여정은 첫 번째 경우에는 약 2년, 두 번째 경우에는 2년 반 정도가 걸렸다. 그 후

---

22) 원주) 우리 형사범 통계는 너무나 불완전해서 유형수들을 완전히 분류하기가 매우 어렵다. 이 문제에 대해서 우리는 몇 년 전에 발행된 아누친 씨의 매우 심도 있는 단 한 권의 권위 있는 저서만을 갖고 있다. 이 저작은 러시아지리협회(Russkoe Geograficheskoe Obshchestvo)가 시상하는 대(大)금메달을 받았다. 이 저서는 1827~1846년 형사범 통계를 제공한다. 비록 이런 통계가 낡은 정보이기는 했지만, 그 정보들은 여전히 현재 상황에 대한 대략적 이해를 제공한다. 왜냐하면, 더 새로운 일부 통계 자료들은 그 시기로부터 모든 수치가 늘어났다는 점을 제외하면 다양한 유형수 범주 간의 상대적 비율은 거의 변함이 없이 남아 있기 때문이다. 이렇듯 예를 하나 들어보자면, 1827~1846년 동안 유형에 처해진 159,755명 가운데 79,909명 이상, 즉 50%가 단순한 행정부 명령으로 유형에 처해졌다. 30년이 지나 우리는 또다시 거의 같은, 단지 약간 증가한, 그런 행정부 전횡에 따른 유형수 비율(1867년에서 1876년까지 151,184명 중에서 78,686명)을 보게 된다. 다른 유형수 범주들에 대해서도 동일한 부분이 거의 완벽하게 겹친다. 아누친 씨의 조사에서는 재판으로 유죄 판결을 받은 79,846명 중에서 14,531명(연간 725명)이 살인죄였다는 사실이 언급되어 있다. 14,248명은 방화, 강도, 위조죄 등과 같은 중범죄였고, 40,666명은 절도죄, 1,426명은 밀수죄였다. 이를 종합할 때 유럽 모든 국가의 법에 따라 처벌을 받아야 하는 그런 경우들은 전체적으로 70,871명(연간 약 3,545명)이었다. 비록 어쩌면 배심원들은 그들을 다 유죄로 인정하지 않았을 수도 있었지만 말이다. 나머지 부분(즉 약 89,000명)은 전부는 아니더라도 주로 러시아의 정치 상황에서 비롯된 범죄로 유형에 보내졌다. 그들의 범죄는 이러했다. 지주-농노제 옹호자들을 거부하는 투쟁이나 당국에 반대한 폭동(16,456건), 분리파 광신교(2,138건), 25년 군 복무 회피(1,651건), 그리고 시베리아로부터의 탈주, 주로 행정 유형으로부터 탈주(18,328건). 마지막으로 우리는 이 책에서 '부랑자'가 48,466명이나 된다는 엄청난 수치를 발견하게 되고 이에 대해 지리협회의 금메달 수상자 아누친은 다음과 같이 언급하고 있다. "'부랑'은 대부분 여권 없이 이웃 현에 그냥 간 것을 의미한다. 그래서 48,466명 중에서 40,000명은 적어도 '주거법을 위반했던 사람들일 뿐이다(즉, 여권 취득에 필요한 5루블이나 10루블이 없고, 그 아내와 아이들은 아사 직전까지 이른 가난뱅이들이며, 그들은 칼루가나 툴라에서 오데사나 아스트라한으로 일을 찾아 떠도는 이들이다)'. 여기에 아누친은 다음을 첨언한다. '80,000명의 행정 유형수들에 관해서 우리는 그들의 유죄에 의심할 뿐만 아니라 우리는 그들이 저지른 것으로 간주되는 범죄 존재 자체에 의혹을 품게 된다.' 이와 같은 '죄인들'의 수는 지금까지 전혀 줄어들 기미를 보이지 않는다. 그 수치는 나머지 수치와 마찬가지로 거의 2배로 증가했다. 러시아는 매년 4천 또는 5천 명의 남성, 여성들을 평생 기한으로 시베리아에 유형 보내는 행동을 계속하고 있다. 다른 국가들에서라면 그 사람들은 몇 루블의 벌금만 선고되었을 것이다. 이런 '범죄자'들에 추가로, 매년 자신들의 남편이나 아버지를 뒤따라 와서 시베리아 여행이라는 끔찍한 공포와 유형 생활을 견뎌내고 있는 1,500명의 여자와 2,000~2,500명의 어린이를 보태야만 한다.

로 어느 정도 개선이 이루어졌다. 지금은 유형수들이 러시아 각처에서 모스크바나 니즈니노브고로드로 집결한 뒤, 그들은 기선(汽船)으로 페름까지 이동하고 거기서부터 예카테린부르크까지는 철도로 이동하며, 튜멘까지는 말을 타고 간다. 튜멘부터 톰스크까지는 또다시 기선으로 이동한다. 이런 식으로, 시베리아 유형에 대해 최근에 출간된 또 하나의 새로운 영국 서적에서 언급하듯이, 그들은 '톰스크 너머의 구간만' 걸어서 가면 된다. 카라까지 이 도보여행 거리는 3,100베르스타, 약 9개월 정도 걸린다. 아주 간단한 수치이다. 만약 죄수가 야쿠티야로 보내진다면, 그는 '단지' 4,500베르스타만 걸어가면 된다. 그런데 러시아 정부는 이런 정치범 유형수들을 수용하기에 야쿠티야가 상트페테르부르크에서 그래도 너무 가깝다는 생각을 하였고 이제는 그들을 베르호얀스크나 니즈네콜림스크(노르덴실드의 동면 장소로부터 멀지 않은 곳)로 보내고 있다. 따라서 위에 언급된 '보잘것없는' 거리에 추가로 약 2,250베르스타를 더해야만 하며 그러면 또다시 부활한 마법의 숫자 7,000베르스타, 즉 2년의 도보여행 거리가 얻어진다.

그러나 대부분의 유형수들에게 도보여행은 1/2로 감소한다. 그들은 특별하게 제작된 수레를 타고 시베리아를 떠돌기 시작한다. 그런 이동 수단에 대한 자신들의 의견을 책에 꼭 넣어주기를 원했던, 이르쿠츠크까지 가야 하는 죄수들의 바람에 따라 이 수레 여행을 생생하게 그려냈다. 이르쿠츠크행(行) 죄수들은 이구동성으로, 이런 수레는 가장 형편없는 수레로, 오직 죄수들과 말들을 괴롭힐 목적으로만 발명된 것이 틀림없다고 말했다. 충격을 완화할 어떤 장치들도 없는 그런 수레는 무겁게 짐을 실은 짐마차들로 수천의 수레바퀴 자리가

난 울퉁불퉁하고 덜커덕거리는 길을 따라 천천히 움직인다. 서시베리아 우랄의 동쪽 절벽 진창길 가운데를 따라 이동하는 여행은 진정한 고문이 된다. 왜냐하면 대로(大路)는 나뒹구는 통나무들로 덮여있는데, 그 통나무들은 마치 커다란 돌덩이들이 빽빽이 깔린 길 위를 마차로 달리는 듯한 느낌을 당신에게 선사할 것이기 때문이다. 그런 여정은 편안한 네 바퀴 마차 속 두꺼운 펠트 깔개 위에 누워있는 여행객에게조차 견디기 힘들다. 그런데 죄수는 악명 높은 수레에 8시간 또는 10시간 동안 내내 비가 오나 눈이 오나 누더기 같은 것을 제외하고는 어떠한 보호막도 없이 긴 의자에 꼼짝없이 앉아 있어야만 한다. 그들이 무엇을 경험하게 되는지 쉽게 이해할 수 있을 터이다.

불행 중 다행으로 이와 같은 여행은 그저 며칠 동안만 계속된다. 왜냐면 튜멘에서 유형수들을 특별 화물선 또는 떠다니는 감옥에 태우는데, 기선들은 그 배를 견인 밧줄로 매어 8∼10일에 걸쳐 톰스크로 끌어간다. 하지만 나는 그런 식으로 시베리아의 긴 여정을 두 배 단축하려는 의도가 아무리 훌륭하다고 하더라도 이렇듯 부분적으로 이루어지는 시간 단축이란 원래 의도와는 전혀 걸맞지 않는다고 말하고 싶다. 죄수용 화물선들은 으레 인원이 과다 초과하기 마련이고 너무나 더럽게 유지되기 때문에 유형수 긴급수송이라는 원래 의도와는 달리 단순한 전염병의 발생지로 전락했다. "배를 만들 때부터 갑판을 없앤 모든 화물선은 800명의 죄수와 이를 호송하는 호송부대를 태우도록 설계되어 있었다."라고 『모스콥스키 텔레그라프(Moskovskij Telegraf: 모스크바 전신)』의 톰스크 특파원이 1881년 11월 15일 자에 언급하였다. 그러나 "화물선 크기는 면적 공간에 따라 수용인원이 결정되는 것이 당연하지만, 여기서는 그게 아니라 기선을 소유한 쿠르바토프 씨와 이그나토프 씨의 이익에 맞게 화물선 크기가 산정되었다. 이들 선주는 각각 100명씩을 수용할 수 있는 방 2개를 자신들의 필요를 충족하기 위해 따로 할당했다. 그래서 800명은 겨우 600명이 수용되는 지정공간에 자리를 잡아야 했다. 환기는 매우 열악하다. 왜냐면 환기를 위한 어떤 장치도 없었고, 게다가 장소는 끔찍스러울 만큼 더러웠기 때문이다." 톰스크 특파원은 "이런 화물선에서 사망률은 매우 높게 나타나는데, 특히 어린이 사망률이 높다."라고 덧붙였다. 그리고 그의 정보는 작년에 모든 신문이 앞다투어 발표한 공식 수치들로 충분히 확인되고 있다. 공개된 수치들을 보면, 이 화물선을 타고 열흘간 여행하는 동안 탑승한 죄수의 8~10%, 즉 800명 중에서 약 60~80명이 죽었다는 결론이 나온다.

이런 죄수 수송을 경험했던 우리 친구들은 다음과 같이 술회하였다. "거기서 당신들은 죽음의 왕국을 보게 될 것이다. 디프테리아와 티푸스는 어른이나 아이 할 것 없이 생명이란 생명을 무자비하게 쓰러뜨린다. 아이들의 시체가 거의 거르지 않고 정박지에 들를 때마다 내던져지곤 한다. 무식한 군인들이 감시하도록 위탁된 병원은 항상 만원이다."

톰스크에서 죄수들은 며칠 동안 억류된다. 그들의 일부, 다시 말해서 행정명령에 따라 유형에 처해진 사람들, 주로 형사범 유형수들은 남쪽으로는 알타이산맥 정상에서 북쪽으로는 북해까지에 걸쳐있는 톰스크 현의 어느 군으로 보내진다. 다른 유형수들은 더 멀리 동쪽으로 보내진다. 죄수들은 매주 도착하지만, 계절 때문에 길이 나빠지거나 강이 범람하여 제때에 맞춰 죄수들을 이르쿠츠크로 이송

할 수 없는 경우가 몇 주 동안 계속된다면, 톰스크 감옥이 어떤 지옥이 되는지를 상상하는 것은 그리 어렵지 않다. 감방의 정원을 90명으로 상정하고 건축되었으나 항상 그 안에는 1300~1400명 이상이 수용되어 있으며, 2,200명이나 그 이상이 수용되는 경우도 매우 빈번했다. 죄수들의 1/4이 병자들이다. 하지만 병원이 안식처를 제공할 수 있는 능력은 실제로 병원이 필요한 이들의 약 1/3 정도에 불과하다. 이 때문에 병자들은 바로 그 장소, 그 판자 침대(또는 판자 침대 아래)에 그대로 남겨지게 되고 나머지 죄수들은 빈자리마다, 원래는 한 명에게 할당된 공간이지만, 세 명꼴로 들어차게 된다. 병자들의 신음, 열병으로 경련을 일으키며 고통받는 사람들의 소리침, 죽어가는 사람들의 숨넘어가는 가르릉 소리 등은 죄수들의 농담과 웃음, 간수들의 욕설 등과 뒤섞인다. 이런 사람들 무리의 뿌연 증기는 그들의 축축하고 더러운 옷 냄새와, 끔찍한 *오물통*(parashka. 강조-크로폿킨)서 나오는 역한 냄새와 섞인다. "당신이 그 장소에 들어서면 당신은 숨이 막히게 된다. 당신은 의식을 잃을 것처럼 느껴진 나머지 신선한 공기를 들이마시기 위해 뒤돌아 뛰쳐나가야만 한다. 당신은 강에 안개가 낀 것 같은 뿌연 증기의 끔찍하고 역한 냄새에 차차 익숙해져야만 한다." 아무런 준비 없이 시베리아 어딘가에 있는 감옥에 들어선 사람들의 증언은 다음과 같다. "'가족 감방(semejnye kamery)'은 더 끔찍하다." 감옥에서 근무한 한 시베리아 관리는 이렇게 말한다. "그 안에서 당신은 어떤 상상력으로도 결코 그려볼 수 없는 그런 가난 속에 놓여 있는 수백 명의 여자와 아이를 마주하게 될 것이다." 죄수 가족들은 국고로부터 어떠한 옷도 지급받지 못한다. 여자들은 대부분 농민 출신이고 그들은 보통 여벌 옷을 가지고 있지 않다. 그 여자들 거의 모두는 그들 남편이 구금되어 있으면 바로 굶주림에 직면하게 되고 아르한겔스크나 아스트라한으로의 여행이 시작되기 전에 입었던 하나뿐인 옷을 걸치고 있다. 그래서 이 감옥에서 저 감옥으로 긴 순례를 한 후에는, 즉 몇 년 동안의 예비 구속과 몇 달에 걸친 여행을 겪고 나면, 나쁜 날씨로 인해 닳고 닳은 단벌옷은 어깨에 걸치는 넝마 조각으로 바뀌어 있다. 그들이 더러운 바닥에 앉아서 딱딱하게 굳은 빵을 먹을 때면 누더기로 변한 옷 밑으로 쇠약해진 맨몸뚱이와 상처투성이가 된 다리가 보인다. 판자 침대나 그 침대 밑에서 1입방 푸트나 될까 말까 하는 공간을 차지하고 있는 인간 존재들의 우글거리는 무리 속에서 당신은 어머니의 무릎 위에서 죽어가고 있는 아이와 바로 그 옆에서 갓 태어난 어린애를 발견하게 된다. 어린애는 이런 여인들의 기쁨이자 위안이 된다. 간수나 호송병들이 보이는 인간적 감정보다 그 여자들 한 사람 한 사람이 보여주는 인간적 감정이 더 크게 울려 퍼진다. 그 어린애는 손에서 손으로 전해진다. 여자들은 떨고 있는 어린애의 팔다리를 감싸주기 위해 자신이 가진 제일 좋은 누더기를 내어놓는다……. 얼마나 많은 어린이가 그런 상황에서 성장하였는가! 내가 지금 이 글을 쓸 때 그런 아이 중 한 명이었으나 지금은 어엿한 성인이 된 여인이 내 옆에 서서, 그녀가 어머니에게서 수없이 되풀이해서 그렇게도 많이 들었던 죄인의 '인간성'과 상관의 '추악함'에 대한 이야기들을 전해준다. 그녀는 끝없이 이어지는 여행 중에 죄수들이 자신을 위해 만들어주었던 장난감들을 내게 묘사해준다. 장난감은 단순했지만 반짝이는 기지가 엿보이는 것들이었다. 그리고 이와 함께 상관들의 비양심적 행동, 금전 갈취, 욕설과 매질, 휙휙 소리를 내는 채찍도.

죄수 무리가 자신의 유형지로 순서대로 차츰 길을 재촉함에 따라 감옥은 점차 깨끗해진다. 계절과 강의 상태가 바뀌어 길을 떠날 수 있게 됨에 따라 매주 톰스크 감옥에서는 500명으로 이루어진 죄수 무리가 여자와 어린이들을 대동한 채 떠나간다. 이르쿠츠크나 자바이칼을 향해 도보여행을 시작하는 것이다. 길을 가던 중에 그런 행렬을 본 사람은 이 광경을 결코 잊지 못할 것이다. 러시아 화가 B. I. 야코비는 그 광경을 캔버스에 그대로 재현하려고 하였다.[23] 그의 그림은 보는 이로 하여금 공포심을 불러일으켰다. 하지만 현실은 더욱 끔찍하다.

얼어붙은 대지를 덮기 시작하는 눈송이들을 얼음같이 차가운 바람이 휘몰아대면서 자유로이 불어대고 있는 진창의 평원을 당신들은 바로 눈앞에서 보게 된다. 시야에 들어오는 주위의 모든 공간은 눈바람이 땅 쪽으로 구부러뜨려서 휘어진 작은 나무들과 키가 작은 덤불로 덮인 습지뿐이다. 가장 가까운 마을까지는 적어도 30베르스타가 남아 있다. 지평선에는 잿빛 눈구름 속에 잠겨 있는 울창한 소나무 숲으로 덮인 낮은 언덕들이 안갯속에서 불쑥불쑥 솟아 있다. 헐벗은 평원의 길이란 길에는 이제는 이정표가 되어버린 바큇자국이 줄을 지어 빽빽하게 늘어져 있는데, 평원 한가운데에서도 그 바큇자국을 손쉽게 구별할 수 있다. 바큇자국은 그 평원을 지나갔던 수천의 수레들이 만들어낸 흔적으로 인해 울퉁불퉁해지고, 패이고, 세상에서 가장 튼튼한 바퀴들조차 손쉽게 부서뜨릴 수 있는 홈들로 덮여 있다. 이런 길을 따라 유형수 무리가 천천히 움직여간다. 선두

---

23) B. I. 야코비(1834~1902)의 '죄수들의 휴게지'(1861)를 말한다.

에서 호송부대가 무리를 이끈다. 그 뒤를 이어 머리의 절반은 빡빡 밀어버리고, 등에는 누런 다이아몬드 모양의 천 조각24)을 꿰매어 단 회색 옷을 입은 강제노동형을 선고받은 유형수들이, 상처투성이 발을 감싼 넝마 조각들이 밖에서도 다 보이게 구멍이 숭숭 나고 긴 여정에 삭아버릴 만큼 낡은 장화를 신고, 어렵사리 몸을 움직여간다. 모든 강제노동 유형수들은 복사뼈에 비끄러맨 사슬을 끌고 간다. 이 사슬 고리들은 누더기에 감싸 놓았고, 유형수들은 여정 중에 동냥으로 어느 정도 돈을 모으기만 하면 바로 대장장이에게 사슬을 그의 다리에 좀 더 여유롭게 비끄러매달라고 돈을 지불하였다. 사슬은 두 다리를 타고 위로 올라가서 허리띠에 달아맸다. 두 번째 사슬은 유형수 본인의 두 손을 단단히 동여맸고 세 번째 사슬은 6명이나 8명의 유형수를 함께 연결한다. 그런 무리 중 한 사람이라도 잘못 몸을 움직이기라도 하면 그와 함께 묶인 동료들 역시 몸이 휘청거리거나 잘못 걸음을 내딛게 된다. 좀 더 강한 사람이 약한 사람을 앞으로 끌어 무리에서 뒤처지지 않게 한다. *중간숙박지점*(etap. 강조-크로폿킨)까지 길은 멀고, 가을날은 해가 짧다.

강제노동 유형수들 뒤를 따라 이주민들(시베리아 마을로 가서 거기에 정착하라는 유형 선고를 받은 사람들)이 그런 회색 옷을 입고 그런 신발을 신고 걷는다. 양쪽에서 유형수 무리를 군인들이 호송한다. 그들은 어쩌면 출발할 때 그들에게 내려진 다음과 같은 명령을 깊이 생각할지도 모른다. '그들 중에서 탈주를 시도한 자는 이유를 불문하고 바로 사살하라. 죽이면 보상으로 5루블을 받을 것이다. 개

---

24) 죄수 옷에 다는 노란색 다이아몬드형 천 조각을 말한다.

한테는 개죽음이 어울린다.' 행렬의 끝에서 당신은 키가 작고 극도로 쇠약해진, 그리하여 개와 엇비슷해 보이는 농업용 말이 끄는 몇 대의 수레를 보게 된다. 그 수레에는 죄수들의 짐, 병자들, 죽어가는 이들이 실려 있고 화물 위로 밧줄이 묶여있다.

수레를 뒤따라 죄수들의 아내들이 잰걸음으로 따라간다. 어떤 사람들은 짐수레의 빈 구석을 차지하기도 했는데, 더 이상 걸을 수 없을 때면 거기에 태워주기도 한다. 그러나 대부분은 아이들의 손을 잡거나 아이들을 안고서 도보로 수레 뒤를 따라 걸어간다. 그들 중에서 얼마나 많은 이들이 누더기만 걸친 채 차가운 바람이 몰아치는 한기 속에서 몸이 얼어갔는지, 꽁꽁 얼어붙은 길바닥의 홈에 걸려 거의 아무것도 걸치지 않아 맨살이 다 드러난 다리가 상처투성이가 되어 갔는지, 아바쿰 아내는 그 고통을 다음과 같이 되뇐다. "주여, 이런 고통을 얼마나 오랫동안 계속해야만 한단 말입니까?" 그들 뒤를 두 번째 군부대가 따른다. 이 군부대는 얼음 덮인 진창 한가운데 길에서 기진맥진하여 멈춰 선 여자들을 총대로 떠민다. 행렬의 맨 뒤에는 유형수 무리를 이끄는 호송대장의 수레가 있다.[25]

유형수 무리가 큰 마을에 들어설 때면 '자비가(慈悲歌. Miloserdnaja)'를 부르기 시작한다. 그것은 노래라고 명명되지만, 우리가 아는 그런 노래들과는 다르다. 이것은 수백의 가슴속으로부터 곧바로 분출되는

---

25) 원주) 러시아의 법이 정한 바에 따르면 죄수들의 가족들은 호송대의 지휘·감독을 받지 않아도 된다. 그런데 실상 죄수들의 가족은 죄수들과 동일한 대우를 받는다. 여기에 이를 잘 보여주는 좋은 사례가 있다. 『모스콥스키 텔레그라프』의 톰스크 특파원은 1881년 11월 3일에 이렇게 적었다. "우리는 9월 14일에 톰스크에서 출발한 유형수 무리를 길에서 보았다. 기진맥진한 여자들과 아이들은 문자 그대로 진창 속에 묶여있었고 군인들은 그들이 유형수 무리로부터 뒤처지지 않도록 끊임없이 움직이라고 강요하면서 그들을 마구 후려쳤다."

수많은 신음이며, 아이의 순진함을 담은 가장 단순한 말로 죄수의 슬픈 운명을 묘사하는 이야기이며, 러시아 유형수가 그 노래를 불러서 그와 같은 다른 가난뱅이들의 자비를 호소하는 끔찍한 하소연이다. 이런 이야기들과 신음에는 우리 민족이 갖고 있던 그 생명력의 대부분을 좌절케 했던 대를 이은 고난, 가난, 빈궁이 울리는 듯하다. 깊은 애수로 가득 찬 이런 소리는 지난 세기의 고문, 우리 시대의 채찍과 회초리 매질 아래서 울부짖는 억눌린 신음, 음침한 지하실, 야생의 숲, 굶주린 아내들의 눈물을 떠오르게 한다. 마을 농민들은 시베리아 대로에서 이런 소리가 울려 퍼지면 금방 알아듣는다. 그들은 자신의 경험으로 노래의 진정한 의미를 알고 있으며, 우리 민중이 모든 죄수를 부르는 말인 *불행한 수난자*(강조-크로폿킨)의 호소는 가난뱅이들의 응답을 불러낸다. 가장 가난한 과부는 성호를 그으며 자신의 푼돈과 빵조각을 가져오고, 죄수가 그녀의 구차한 헌물을 멸시하지 않은 것에 대해 족쇄를 찬 '수난자'에게 감사하며 낮게 머리를 숙여 절한다. 밤늦게 25~30베르스타의 행군을 한 후 유형수 무리는 중간 숙영지에 도달하고 그곳에서 밤을 보내며 3일에 한 번씩 하루 동안의 휴식을 취한다. 유형수 무리는 낡은 목조 건물을 둘러싼 울타리를 보기만 하면 발걸음을 재촉하고 개중 더 힘센 사람들은 힘으로 더 좋은 자리의 판자 침대를 차지하려고 뜀박질을 한다. 중간 숙영지들은 대부분 50년 전에 세워졌다. 그러니 그 세월만큼 나쁜 날씨와 오랜 싸움을 벌였을 터이고, 또 그곳에 수천 명의 죄수를 수용했을 터이므로 현재 그 숙영지들은 지붕부터 기초까지 썩고 더러워졌다. 이렇듯 낡은 목조 건물은 자신의 지붕 아래로 인도되어 온 족쇄를 찬 순례자들을 포근하게 감싸주지 못하고, 바람도 눈도 거침없이 썩은 통나무들 사이에 난 틈새를 뚫고 들어온다. 방구석에는 눈 더미가 쌓여 있다. 중간 숙영지는 이를 세운 건축가의 계산으로는 150명 정도의 죄수들을 수용할 수 있을 것이다. 왜냐하면, 그런 수치가 30년 전 하나의 유형수 무리를 구성하는 평균 인원이었기 때문이었다. 지금 유형수 무리는 450~500명으로 구성되고 따라서 500명 정도의 유형수 무리는 150명으로 계산된 공간에 인정사정없이 수용되어야만 한다.[26]

가장 힘이 세거나 귀족 죄수들, 즉 늙은 부랑자들이나 잔인한 살인자들은 판자 침대 위에 자신들의 몸을 똑바로 뉠 수 있는 공간을 차지한다. 나머지 죄수들은, 다시 말해서 두 배나 더 많은 수의 죄수들은 판자 침대 아래, 끈적거리는 오물로 덮인 썩은 마룻바닥 위에 그것도 몸을 똑바로 뉘지 못하고 옆으로 돌려 칼잠을 자듯이 누울 수밖에 없다, 문이 잠기고, 물이 스며든 자신들의 더러운 옷을 깔고 맨몸으로 벌거벗은 채로 누워있는 인간 존재들로 그 공간 전체가 가득 찼을 때, 그 공간이 대체 무엇이 될 것인지 상상하기는 어렵지 않을 것이다.

그런데도 중간 숙영지들은 *반(半) 숙영지*(poluetapy, 강조-크로폿킨)와 비교하면 궁전이다. 그곳은 유형수 무리가 오직 밤만 보내는 공간이다. 이 건물들은 더 작고, 보통 더 허물어졌으며 더 썩어 있고 더 불결하다. 때로 유형수 무리가 직면하게 되는 상황은 이러하다.

---

26) 원주) 대부분이 법률이 관계되는 현실적 조건에 대한 어떤 정보도 없이 쓰였던 러시아 법률들은 그런 많은 인원으로 구성된 수인단을 보내는 것을 금지하고 있다. 그러나 실제로 유형 수단은 현재 보통 480명에 이른다. 『골로스』의 자료에 따르면, 1881년 6,507명의 죄수가 16개 단으로 나뉘어 보내졌으며 그것은 평균적으로 한 유형 수단에 406명의 죄수가 들어간 것이다. N. 로파틴은 유형 수단의 평균 인원수가 480명이라는 수치를 제공하고 있다.

유형수 무리는 불도 없이 바깥에 날림으로 지어진 임시 가옥에서 시베리아의 맹추위 밤을 보내게 되는 것이다. 반 숙영지들에는 보통 여자들을 위한 특별 분과가 없고 여자들은 군인들의 방에 들어가야만 한다(막시모프, *시베리아27*를 참조하시오). 참을성 강한 우리 러시아 어머니의 특징인 공손함으로 그녀들은 누더기로 감싼 자기 아이들과 함께 그 장소의 어느 구석, 판자 침대 밑이나 호송부대 총들이 놓인 바로 문 옆에 자리를 잡는다.

공식 통계는, 1881년 부모와 함께 시베리아로 유형 보내진 15세 이하 2,561명의 어린이 중에서 '*얼마 되지 않는 일부*'만 *살아남았다*(강조-크로폿킨)고 보고되고 있는데 이는 엄연한 사실이다. 『골로스』지가 말하는 바로는, 대부분이 혐오스러운 여행 조건을 견딜 수 없어 시베리아의 지정 장소에 도달하지 못하거나 그곳에 도착하자마자 즉시 죽었다고 한다. 사실대로 말해서 현재 실행되고 있는 것과 같은 시베리아 이송은 진정한 의미에서 '*어린이 학살*(강조-크로폿킨)'이다.

병자들을 위한 어떠한 장비도 없다는 것, 그리하여 여행 중에 병을 이겨내기 위해서는 특별나게 굳건한 건강을 가져야만 한다는 것을 덧붙일 필요가 있겠는가? 톰스크에서 이르쿠츠크까지 전 구간 동안, 즉 적어도 4개월 여정의 거리에서 병원은 달랑 5곳이며 그것도 규모가 작은 곳뿐으로, 병상은 모두 합쳐서 100개밖에 안 된다. 유형수 무리가 병원에 도착하는 순간까지 견뎌낼 힘이 없는 사람들에 대해서, 1881년 1월 5일 자 『골로스』에서는 다음과 같이 썼다. "어

---

27) 앞서 소개한 S. V 막시모프의 『시베리아와 강제노동, 제 1, 2, 3권』(1871)을 말한다.

떤 의료 지원도 없이 그들을 중간 숙영지들에 남겨둔다. 병자들을 위한 방은 침대도, 침구도, 베개도, 침대보도, 당연하지만 환자복들 등등 어느 하나도 공급되지 않는다. 하루에 48코페이카가 조금 넘는 돈이 환자들을 위해 지출되고 대부분이 고스란히 당국의 수중에 남게 된다."

수인이 겪는 끔찍한 가난에도 불구하고 불구하고, 그들을 대상으로 자행하는 중간 숙영 지점 감시자들의 갈취 문제에 대해 굳이 내가 언급할 필요가 있을까? 이 건물들을 관리하는 감시자들이 국고로부터, 흑빵용으로 일정량의 호밀가루 외에, *1년에 3루블(강조-크로폿킨)*밖에 받지 못한다는 사실을 언급하는 것으로 충분하지 않겠는가? "난로가 고장입니다, 불을 피우시면 안 됩니다."라고 감시자 중 한 사람이 유형수 무리에게 말하면, 유형수 무리는 완전히 젖은 채로 있거나 꽁꽁 얼어붙은 채로 견뎌내야만 한다. 그러나 유형수 무리가 불을 피우게 허락을 받는다 하더라도 공짜는 아니다. 공물(公物)을 사용하는 비용을 지불해야 하는 것이다. 혹 "지금 창문이 수리 중입니다."라고 하면 유형수 무리는 얼음같이 찬 바람이 아무런 거리낌 없이 불어닥치는 구멍을 막기 위해 무슨 누더기 조각이라도 얻으려면 돈을 지불해야 한다. "떠나기 전에 중간 숙영지를 물청소하고 가시오, 아니면 얼마라도 주시오."라고 하면 유형수 무리는 또다시 돈을 걷어야 한다. 이 외에도 많다. 여행 중에 수인들과 그 가족들이 어떤 대우를 받을지 혹은 받게 될 것인지 내가 또한 말해야 하겠는가? 1881년 어느 날, 정치범 유형수들은 어두운 복도에서 정치범죄 때문에 시베리아 유형에 처해진 한 여성에게 덤벼들었던 어느 장교에 반대해서 폭동을 일으키기까지 했다. 그러니 하물며 형사범들은 어떻겠는가. 형사범 유형수에 대한 대우가 정치범들보다 더 낫지 않으리라는 것은 의심할 여지가 없다.

이 모든 것은 과거에 관한 서술이 아니다. 이것은 이 글을 쓰고 있는[28] 현재에 벌어지고 있는 것을 정확하게 그려낸 것이다. 2년 전에 이와 똑같은 여정을 거쳤던 내 친구 N. 로파틴(Lopatin)에게 이 글을 보여주었는데, 그는 상술한 모든 내용이 전적으로 맞다고 확인해주었으며 수많은 사실을 보충해주었다. 그러나 나는 지면이 부족하여 모두 싣지는 못하였다. 실제로 과거, 그러나 과거라 하더라도 매우 가까운 과거에는 8명이나 10명의 수인을 함께 결박하는 것이 보통이었다. 이런 끔찍한 조치는 1881년 1월에 폐지되었다. 현재 모든 수인의 두 손은 다른 수인들과 따로 결박된다. 그래도 역시 사슬이 너무 짧아서 두 손의 위치는 불편한 자세를 하게 되고 이렇게 10시간 또는 12시간 도보 여정을 하면 사람은 너무 힘들어 녹초가 된다. 게다가 시베리아 혹한이 몰아치는 기간에 철 고리와 접촉해서 뼈에 발생하는 견디기 힘든 류머티즘 통증에 대해서는 말할 것도 없다. 사람들은 내게 이런 사실을 이야기해 주었는데, 나는 이런 고통이야말로 진짜 고문임을 충분히 믿을 수 있다.

얼마 전 시베리아를 방문했던 한 영국인 여행객의 확신과는 반대로, 정치범들은 *이주민*(강조-크로폿킨)으로서 살도록 지정된 카라해(海) 등과 같은 그런 장소까지, 형사범들과 똑같은 조건 속에서 형사범들과 함께 긴 여정을 완수한다는 사실을 덧붙일 필요가 있겠는가. 이즈비츠키와 데바고리오-모크레비치가 두 명의 형사범들과 이름을

---

28) 1883년이다.

바꾸고는 동일한 방법으로 강제노동 유형에서 도주하였다는 하나의 사실만 보더라도 영국인 여행객의 정보가 사실에 부합하지 않는다는 것을 알 수 있다. 내가 이미 언급했으며, 시베리아 이주형에 처해졌던 니콜라이 로파틴은 12명 정도의 동료들과 함께 도보 여정을 수행하였다. 사실 1864년 폴란드 유형수의 대다수는 모두가 귀족이고 가장 중요한 수인들이었는데, 마차나 역마차를 타고 이동하였다. 행정명령에 따라서 시베리아로 유형 보내진 수많은 정치범 유형수 또한, 역마차가 있는 곳에서는 그런 방법으로 여정을 실행하고 있다. 그러나 대부분의 정치범 유형수들(재판에 따라 강제노동형이나 유형이 선고된)은 1866년부터 형사범들과 함께 도보로 여정을 수행하고 있다. 1877~1879년, 이 3년 동안 동시베리아로 이관되었던 몇몇 소수는 예외였다. 그 유형수들은 썰매(kibitki)에 태워 이동시켰는데, 유형수 무리로부터 이탈하면 안 되었다. 1879년부터 성(性)의 구별 없이 모든 정치범, 그리고 행정절차로 유형에 보내진 이들 중 많은 수가, 내가 언급했던 바로 그대로 여정을 수행하였으며 그들 중 많은 이들은, 1827년 법에 규정된 것과 다르게, 사슬을 찬 채였다.

막시모프가 『강제노동과 유형』[29]이란 노작을 쓸 때, 그는 자신이 묘사한 도보여행의 끔찍함이 되도록 빨리 역사의 유산으로 남기를 바란다고 결론을 맺었다. 그때는 짐배로 수인들을 이동시키는 것이 막 도입되던 시기였고 이런 조치 덕분에 국가는 첫해에 400,000루블을 절약하였다. 법무성은 그 당시 모든 양심적인 사람들을 초대해서 그들이 유형에 대해 알고 있는 모든 것을 말해주도록 요구하면서

---

29) S. V 막시모프의 『시베리아와 강제노동, 제 1, 2, 3권』(1871)을 말한다.

모든 시스템의 완전한 개혁을 실행할 준비가 되었음을 표명하였다. 유형수의 슬픈 운명을 개선하고 시베리아 유형에 대한 음울한 기억을 우리 역사에서 씻어내는 데 자신의 삶을 바칠 각오가 된 사람들 속에는 그런 사람들이 아주 많았다. 그러나 막시모프의 바람은 이루어지지 않았다. 1861년 자유주의 운동은 정부에 의해 억압을 당하였다. 개혁 시도는 '위험한 의도'로 간주되었고, 시베리아로 유형수를 이동시키는 것은 20년 전과 같이 그대로, 약 20,000명의 민중에게 형언할 수 없는 고통을 남겨주었다.

그 당시 그 체계를 접했던 모든 이들이 스스럼없이 낙인을 찍었던 수치스러운 체계는 온전히 그대로 보존되었다. 대로(大路)의 썩어 부패한 건물들은 조각조각으로 무너지고 있으며 모든 체계는 점점 더 붕괴하고 있다. 그런데 20년 전에는 그런 범죄가 있으리라 생각지도 못했던 범죄들 때문에 새롭게 유형에 처해진 수천 명의 남성과 여성들이, 그 전에 시베리아 유형에 보내진 수천의 무리에 매년 더해지고 있다. 그리고 이렇게 새로이 유형에 보내지는 사람들의 수는 매년 끔찍한 비율로 늘어나고 있다.

표트르 알렉세예비치
크로폿킨(1842~1921)의 생애

러시아 무정부주의자, 혁명가, 지리학자, 지형학 전문가. 시베리아와 중앙아시아 지역의 빙하기 지각구조의 연구자이며 유명한 역사학자, 철학자, 사회평론가이다. 무정부주의-공산주의 이데올로기 창시자이며 가장 영향력 있는 무정부주의 이론가 중 한 명이다.

1900년경의 크로폿킨

집안과 어린 시절

크로폿킨의 외조부 니콜라이 술리마

크로폿킨은 1842년 11월 27일(신력 12월 9일) 모스크바에서 태어났다. 그의 집안은 오래된 공작 가문에 속하며 크로폿킨이란 성(姓)은 이반 3세[1] 시대의 인물이었던 스몰렌스키의 공작 드미트리 바실리예비치(1470년 사망)의 별명 크로폿카(Kropotka)[2]에서 유래했다.

표트르 크로폿킨의 부친 알렉세이 페트로비치 크로폿킨(1805～1871)은 3개의 현에 걸쳐서 1200명 이상의 농노(남성만 계산)를 거느린 영지를 소유했었다. 어머니 예카테리나 니콜라예브나 술리마는 크로폿킨이 4살 때 폐결핵으로 사망했다. 크로폿킨의 외조부는 1812년 조국 전쟁(나폴레옹과의 전쟁) 영웅이었던 N. S. 술리마 장군[3]이었다.

---

1) 이반 3세의 재위 기간은 1462～1505년이다. 정식 이름은 이반 바실리예비치이며, 별칭은 이반 대제이다. 정복 또는 제후들의 자발적 복종을 끌어냄으로써 러시아 영토의 대부분을 통일했고, 우크라이나 일부를 폴란드와 리투아니아로부터 되찾아서 영토를 확장하였다. 또한, 이반 3세의 재위 기간에 오랜 기간 이어지던 몽골-타타르의 압제(1240～1480년)에서 벗어났다.

2) '꼼꼼한, 면밀한, 세심한'을 의미하는 러시아어 'kropotlivyj'에서 나온 말로 '빈틈없이 꼼꼼한 사람'이란 뜻이다.

3) 니콜라이 세묘노비치 술리마(1777～1840). 러시아 제국의 군인으로 우크라이나 장군 이반 술리마의 후손이다. 1812년 보로디노 전투에서 기병 부대를 지휘했던 조국 전쟁의 영웅이었다. 그는 천여 명의 프랑스 군인을 포로로 잡았다. 안나 훈장을 비롯하여 수많은 훈장을 받았으며, 육군 중장, 동시베리아 총독(1833～1834), 서시베리아 총독(1834～

임관과 연구 활동

크로폿킨은 모스크바 제1 김나지움을 졸업하고, 1862년 육군유년
학교에 입학하여 우등으로 졸업한 후 시베리아 카자크 부대에서의
군 복무를 자원하여 장교로 임관하였다. 1862년 10월 8일 19세의
크로폿킨은 카자크군 대위 계급으로 자바이칼스카야주(州) 주지사
대리 육군 소장 볼레슬라브 카지미로비치 쿠켈레 휘하에서 특임 장
교로 치타에 배치되었다.

크로폿킨이 졸업한, 귀족 자녀들을 위한 육군유년학교 건물(상트페테르부르크 소재)

1836), 시베리아 군사령관 등을 역임하였다. 러시아군사위원회 위원(1836~1837), 러시아
내각 산하 러시아국가관리위원회 위원(1837~1840)으로 활동하였다.

1861년 시종 복장을 한 크로폿킨

　쿠켈레 휘하에 있던 아무르 카자크 군대에서 몇 년을 복무하였고, 동시베리아, 만주 원정에 참여하였으며 인고다강, 실카강,4) 아무르 강 등을 항해하여 지리학적, 산악지역학적, 제도학, 고지질학적 연구를 하였다.

─────────────

4) 인고다강과 실카강은 러시아 치타주(州)에 있는 강들이다.

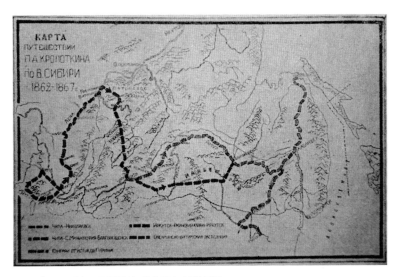

1862년~1867년 크로폿킨의 시베리아 여행 경로

1862~1865년 시베리아 학술탐험 기간에 크로폿킨이 직접 그린 그림

1864년의 크로폿킨

1864년 크로폿킨은 '상인 표 트르 알렉세예프'라는 이름으로 만주를 서에서 동으로 횡단하였 다. 그는 일후리-알린 산맥에서 화산작용의 결과로 생긴 지형을 발견하였다. 또한, 그해 가을, 범 선 '우수리' 호를 타고 순가리강 을 따라 강어귀에서부터 기리나 시(市)까지 탐험했던 G. F. 체르 냐예프 원정대에 참가하였다. 이 과정에서 그는 부랴트족, 야쿠트 족, 퉁구스족의 사회제도에 관한 자료를 수집하였다.

1865년 동(東)사얀 산맥5)으로 원정을 감행하였고 이르쿠트강6)의 전 구간을 탐험하였다. 툰킨 분지와 오카강 상류를 조사하였고 그곳 에서 화산 분화구를 발견하였다.

1866년 러시아황립지리협회 동시베리아 지부의 비팀강7) 학술탐 험을 이끌었다. 1866년 5월 이르쿠츠크에서 출발한 탐험대는 레나 강에 이르렀고 레나강을 따라 비팀강 어구까지 밑으로 1500km를 내려갔다. 거기서부터 남쪽으로 선회해서 파톰스코예 고원까지

---

5) 러시아 중앙 시베리아 남부에 있는 산맥으로, 크라스노야르스크 지방 남부에서 일어나 이르쿠츠크주(州)를 남동쪽으로 뻗어 부랴티야에 이르러 몽골과의 국경을 형성하고 다시 바이칼호안(湖岸)으로 연속되는 산맥이다.

6) 앙가라강의 왼쪽 지류이며 488km이다.

7) 러시아에 있는 강으로 레나강의 주요 지류이다. 바이칼호 동쪽에서 발원하며 유역 길이 는 1,978km이다.

1771km를 올라갔다. 그곳에서 여러 발견을 하였는데, 광산 지역에서 크로폿킨은 빙하기 퇴적물을 발견하였고 이는 과거 시베리아의 빙하표면이 존재했다는 증거가 되었다. 이 탐험은 크로폿킨 산맥(해발 1647미터로 주야강과 비팀강을 나누는 분수령이 되는데 크로폿킨이 발견하여 그의 이름이 붙여졌다)과 북(北)무이스키(2561미터) 산맥을 건너 무야강[8]에 이르렀다. 이런 학술탐험은 치타강을 따라 치타시(市)까지 이어졌으며 치타강 좌안에서 체르스키산맥의 북동 지맥을 발견하는 계기가 되었다.

이 과정에서 크로폿킨은 12월 당원이었던 D. I. 자발리신과 I. I. 고르바쳅스키 등을 만났으며 유형수였던 혁명가 M. L. 미하일로프와도 조우했다.

크로폿킨은 감옥과 유형 체계 개혁계획안 준비위원회에 참가하였으며, 시 자치 계획안 수립에도 참여하였다. 그러나 그는 곧 기존 관리 기구에 실망하여 개량주의적 개혁 사상에 대한 흥미를 잃게 되었다.

신문 『모스크바 소식(Moskovskie vedomosti)』[9] 및 『모스크바 소식』의 일요판 <현대 연대기>(Sovremennaja letopis),[10] 저널 『러시아 통보(Russkij vestnik)』[11]와 『독서 수기(Zapiski dlja chtenija)』에 시베리아, 자바이칼, 만주 등에 대한 여행기를 발표하였다.

---

8) 총연장 288킬로미터로 비팀강의 왼쪽 지류이다.
9) 제정 러시아 시대의 신문으로 모스크바 대학에서 발행(1756~1917년)하였다.
10) 제정 러시아 시대, 모스크바에서 1861~1871년까지 매주 발행되던 신문이다.
11) 제정 러시아 시대, 매월 상트페테르부르크에서 1866~1869년까지 발행되었다. 편집인은 K. V. 트루브니코프였으며, 주로 번역 기사를 실었다.

『모스크바 통보』(1856년 8월 30일 자)

제대와 혁명 활동

1866년 폴란드 강제노동 유형수의 폭동이 있고 난 다음 1867년 봄, 크로폿킨과 그의 형 알렉산드르는 군 복무를 그만두었다. 크로폿킨이나 그의 형도 이 폭동을 진압하는 데 직접 참여하지는 않았으나 폴란드 유형수 폭동에 대한 군대의 강제진압이 전역의 원인이 되었다. 1867년 초가을 크로폿킨과 그의 형은 가족과 함께 상트페테르부르크로 이사하였다. 그 당시 24살이었던 크로폿킨은 상트페테르부르크 황립대학교 물리-수학부 수학과에 입학하였고 동시에 내무성 통계위원회에서 사회기관 복무를 시작하였는데, 그 위원회의 수장은 유명한 지리학자이며 여행가였던 P. P. 세묘노프(Semenov)였다. 1868년 크로폿킨은 러시아황립지리협회 회원으로 선출되었고 그해에 물리-지리학과 서기가 되었다. 또한, 크로폿킨은 이 해에 올료크민스크[12]-비팀 학술탐험에 대한 보고서로 금메달을 받았다.

크로폿킨은 또한 스펜서를 비롯한 저명한 학자들의 저작을 번역하였고 신문 『페테르부르크 통보(Peterburgskie vedomosti)』에 학술적 성격이 강한 사회평론을 게재하였다. 동시에 몇 년 동안 아시아의 산악지역 형성과 산맥 및 고원지대의 지정학적 법칙을 주제로 한 학술 연구에 전념하였다.

---

12) 러시아 사하공화국에 있는 도시 이름.

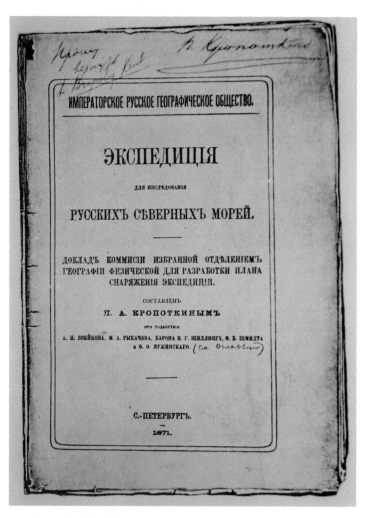

1871년 크로폿킨의 러시아 북극지방 학술탐험 보고서 표지

그러나 1873년 크로폿킨은 체포되어 페트로파블롭스크 요새에 갇히게 된다. 그의 '북해 학술탐사대 준비위원회 보고서(『러시아황립지리협회 소식』, 1871년 제7호)'의 내용은 러시아황립지리협회에게

는 중요한 의미를 지닌다. 보고서에서 그는 노바야제믈랴[13]에서 베링해협까지 해양 학술탐험을 준비할 것을 제안하였다. 크로폿킨은 이 정찰 학술탐사를 이끌겠다고 제안하였으나 재무성에서 선박 구매 자금을 내주지 않았다. 그런데 크로폿킨은 보고서를 준비하려고 여러 참고문헌을 읽어보다가 노바야제믈랴로부터 북쪽으로 시피츠베르겐보다 좀 더 고위도 지방에 반드시 육지가 존재할 것이라는 결론에 도달하였다. 그리고 다음과 같이 지적하였다. "노바야제믈랴의 북서쪽에 있는 단단한 결빙상태, 그런데 이곳을 떠다니는 유빙 표면에는 바위들이 있거나 질척한 진흙이 묻어있다. 그리고 이외에도 여러 작은 징조들이 있다. 그리고 만약 그런 땅이 존재하지 않았다면, 베링해협부터 그린란드까지 흐르는 한류(寒流)는 곧장 노르드카파에 이르렀을 것이고, 우리가 그린란드의 최북단에서 보듯이 콜라반도 해변을 얼음으로 뒤덮었을 것이다."

크로폿킨이 예견했던 땅의 존재는 1873년 오스트리아의 파이어-웨이프레흐트 학술탐험대에 의해 발견되었고 카이저[14]를 기념하여 '제믈랴프란차오이시파'[15]로 명명되었다.

1871년 여름 크로폿킨은 지리협회에서 보내줘서 빙하 연구를 위해 핀란드와 스웨덴 학술 연구 여행을 떠나게 되었다. 그러나 주위

---

13) 러시아의 북극해에 위치하며 두 개의 섬으로 구성되어 있다. 섬의 너비는 130~140km, 면적은 8만 2600㎢, 길이는 약 1,000km로, 북극해를 남서쪽에서 북동쪽으로 가로지르는 좁고 긴 러시아령의 섬이다. 동쪽은 카라해(海), 서쪽은 바렌츠해에 면한다. 북쪽 섬의 50%는 빙하로 뒤덮여 피오르가 발달하였으며, 가장 높은 산은 해발 1,596m이다.

14) 독일과 오스트리아 등에서 황제를 부르던 칭호.

15) 제믈랴프란차오이시파는 러시아 북부 북극해(海)에 있는 러시아령(領) 군도이다. 면적은 16,090㎢다. 프란츠요세프란트라고도 한다. 최고점은 620m이다. 러시아 아르한겔스크 주(州)에 속한다. 가장 큰 게오르그섬(2,741km²)을 비롯하여 85개 섬으로 이루어져 있다. 1873년에 오스트리아-헝가리 제국의 탐험대가 발견하고는 자국의 황제 이름을 따서 명명하였으나 1926년에 소련이 그 영유를 선언하였다.

미하일 바쿠닌

세계의 '썩어가는 모순'이 그를 오롯이 학술 활동에 전념하지 못하게 만들었다. 그해 가을 모스크바로 돌아온 크로폿킨은 아버지가 돌아가셨다는 소식을 듣게 되었다.

1872년 크로폿킨은 해외여행 허가를 받는다. 벨기에와 스위스에서 그는 러시아와 유럽의 혁명 조직 대표자들을 만나게 되었고 그 해에 제1 인터내셔널의 쥐라 연합16)(이 연합의 실제적 지도자는 미하일 바쿠닌17)이었다)에 가입하였다.

---

16) 국제노동자조합의 스위스 분과로 무정부주의자 미하일 바쿠닌의 사상에 강한 영향을 받았다.

17) 미하일 바쿠닌(1814~1876). 러시아의 철학자이자 무정부주의 이론가였다. 잠시 군대에서 근무했지만, 곧 그만두고 벨린스키, 게르첸 등과 교류하며 독일철학, 특히 헤겔 철학을 연구하였다. 1840년 국외로 나가 유럽 여러 나라에서 체류하면서 루게, 바이틀링, 프루동, 마르크스 등과 교류하였다. 1848년을 중심으로 하는 혁명적 과정에서 전(全) 슬라브 민족공화국 수립을 주장하여 활동했으며, 1849년의 드레스덴 무장봉기에 참여했다가 체포되어 러시아로 송환되었고, 시베리아 유형에 처해졌다. 1861년 시베리아에서 탈주하여 런던으로 망명했다. 제1 인터내셔널에 참가하여 마르크스 등과 대립하는 무정부주의를 주장하고, 1872년의 헤이그 회의에서는 노동자당의 설립에 반대, 내부에서 인터내셔널을 파괴하려 한다고 하여 제명되었다. 그의 사상은 크로폿킨에게 큰 영향을 주었다.

러시아로 귀국한 후 러시아황
립지리협회의 물라-지리과 서기
일을 계속하면서 크로폿킨은 초
기 인민주의자 단체 중 가장 유
명한 조직인 '선동협회(Bol'shoe
obshchestvo agitatsii)', 일명 '차
이콥츠이(Chajkovtsy)'[18]의 회원
이 되었다. 크로폿킨은 이 단체
의 다른 회원들과 함께 페테르
부르크 노동자들 사이에서 혁명
선동 활동을 펼쳤고 '브나로드(v

니콜라이 차이콥스키

narod)' 운동을 이끈 발기인 중 한 사람이 되었다.

　1874년 3월 21일 31세의 크로폿킨은 비교적 가까운 과거에 빙하
기가 있었다는 놀라운 사실을 지리협회에 보고한다. 그리고 다음 날
그는 비밀혁명단체에 가입했다는 죄명으로 체포되어 페트로파블롭
스크 요새 감옥에 투옥되었다.

---

18) 차이콥츠이는 1869~1874년에 잡계급 출신의 지식인, 노동자로 구성된 단체로, 지도자
　　였던 N. V. 차이콥스키의 이름을 따서 '차이콥츠이'라고 불렀다. 농민 계몽운동 '브나로
　　드' 조직 중 하나이다. 모스크바, 키예프, 오데사에 지부를 두었다.

크로폿킨이 직접 그린 페트로파블롭스크 요새 감옥

   크로폿킨의 보고서는 학계에 엄청난 반향을 불러일으켰는데, 그것이 얼마나 큰 충격을 주었는지는 알렉산드르 2세가 감옥에 있는 크로폿킨에게 펜과 종이를 주어 연구할 수 있는 환경을 조성해 주라고 직접 명령한 것에서도 확인된다. 그리하여 크로폿킨은 감옥에서 지구에 관한 이론 가운데 가장 중요한 것 중 하나로 평가받는 빙하기 이론을 증명하는 논문 '빙하기 연구'를 집필하였다. 크로폿킨은 젬랴프란차이오시파의 존재를 예견하였고 좌표를 계산하였다. 세베르나야젬랴[19]와 크로폿킨 장벽[20]은, 러시아인이 아닌 외국인 학술

---

19) 러시아 크라스노야르스크 지방에 있는 제도이다. 면적은 약 36,712㎢이며, 최고점은 965m이다. 러시아어로 '북쪽의 영토'라는 뜻이며 타이미 반도의 북쪽 해상에 있다. 4개의 큰 섬과 여러 개의 작은 섬으로 이루어져 있으며, 본토와 빌키트스키 해협을 사이에 두고 있다.

20) 바렌츠해와 카라해의 북쪽에 있는 열도로, 젬랴프란차이오시파로부터 세베르나야젬랴까지를 말한다.

탐험대가 처음 방문했음에도 불구하고, 크로폿킨의 노고 덕분에 온전히 러시아가 자주권을 갖게 된다.

탈출과 해외 이주

수감생활과 긴장된 지적 노동 때문에 크로폿킨의 건강은 악화되었다. 괴혈병 징후가 나타나자 그는 니콜라옙스크 육군병원이 운영하는 죄수 병동으로 옮겨졌다. 1876년 7월 30일 크로폿킨은 죄수 병동(본관 뒤 2층짜리 곁채)에서 탈주를 시도하였다.

1876년 죄수 병동에 갇혀 있는 자신을 표현한 그림
(창살 속의 남자가 크로폿킨 자신이다)

"니콜라옙스크 육군병원 당직사관으로 같은 부대 출신의 장교 두 명이 파견되었다. 하급 장교는 죄수 병동만 당직을 섰으며 그 병동에서 자리를 이탈할 수 없었다. 상급 장교는 죄수 병동을 포함해서 병원 전체를 감시하였고 여기저기 돌아다녔다."라고 그곳에 머물렀던 어느 혁명가 귀족 죄수는 회상하였다. 크로폿킨은 탈주에 성공하였고, 곧 러시아를 떠나 핀란드, 스웨덴, 노르웨이를 거쳐 영국으로 건너갔다.

크로폿킨이 그린 '탈주' 그림

러시아를 떠나면서 크로폿킨은, 집요한 추적이 곧 중단될 것이며 그리하여 몇 개월만 지나면 다른 사람 이름을 빌려 러시아로 돌아갈 수 있으리라 기대했다. 처음에 그는 영국으로 건너갔고 그곳에서 얼마간 머물렀다. 그러나 혁명에 대한 열망이 커지면서 그는 스위스로 가려고 마음을 고쳐먹고는 1877년 1월 스위스행이 가능해지자마자 런던을 떠났다.

1876년경의 크로폿킨

스위스에서 크로폿킨은 라쇼드퐁[21]이라는 소도시를 방문하였는데 도시 주민들은 대부분 시계 수공업에 종사하고 있었다. 시계공들이 무정부주의적 선전의 주된 대상이었고 시계공 중에서 이 운동을 이끌었던 지도자급 인물들이 나타났다.

크로폿킨에 대해 L. G. 데이츠는 다음과 같이 회상했다.

크로폿킨은 항상 일이 많았다. 여러 분야의 학계에 글을 발표했고 러시아어로 발표되는 월간지에 외국어 논문을 번역하여 실었다. 주로 프랑스어로 쓰인 무정부주의 선집에 들어있는 발표문들이었다. 또한, 그는 탁월한 언변가였다. 실제로 크로폿킨은 대중에게 영향을 주는 데

---

21) 스위스 뇌샤텔주에 있는 도시. 쥐라산맥 남동면, 프랑스 국경 근처에 있다. 17세기 후반에 시계 제작을 시작한 이후 줄곧 시계를 제조하였으며, 현재 스위스 시계상공회의소 본부가 있고, 스위스 시계산업의 중심지이다.

필수적인 특징들을 모두 가지고 있었다. 매력적인 외모, 열정, 격정, 좋은 목소리, 훌륭한 발음 등. 그는 모든 면에서 그 당시 바쿠닌의 추종자들보다 훨씬 우위에 있었다……. 러시아인이나 외국인들이나 예외 없이 모두가 깊은 존경과 공감을 가지고 그를 대했다.

1877년 3월 18일 크로폿킨은 파리코뮌 제6주년 기념일에 쥐라 연합의 다른 회원들과 함께 베른에서 열린 시위에 참여하였다. 9월 스위스 쥐라 대표로서 벨기에 무정부주의자들이 주관하는, 9월 6~8일에 있었던 베르비에[22] 회의와 9월 9~15일에 개최된 겐트[23] 회의에 참석했다. 그곳에서 벨기에 경찰은 크로폿킨을 체포하려고 하였지만, 그는 탈출해서 런던으로 도주할 수 있었다. 크로폿킨은 런던에서 파리로 건너갔고 그곳에서 프랑스 사회주의자들과 만났다.

1878년의 소피야 그리고리예브나
(크로폿킨의 아내)

1878년 봄 파리에서는 코뮌에 대한 일련의 탄압조치들이 실행되었고 그 때문에 크로폿킨은 체포를 피해서 프랑스를 떠났다. 그는 다시 스위스로 돌아가서 제네바에 정착하였다.

1878년 36세의 크로폿킨은, 스

22) 벨기에 동부 리에주주(州)에 있는 도시로. 리에주시(市)에서 남동쪽으로 30km 지점에 있다. 베드르강을 가로지르는 철도로 리에주시와 연결된다.
23) 벨기에 오스트플란데렌(이스트플랑드르주)의 주도(州都)이다. 브뤼셀 북서쪽 50km, 평야의 중앙부에 위치한다. 헬데강(江)과 지류인 리스강의 합류점에 위치하며, 겐트 운하로 북해와 연결되어 있어 외항 기선의 출입이 가능하다.

위스에 유학 왔던 키예프 출신의 젊은 소피야 그리고리예브나 아나니예바-라비노비치[24]와 결혼하였다. 결혼식을 올린 후 그들은 제네바에서 몽트뢰의 작은 마을로 이사하였다.

유럽에서의 크로폿킨

유럽이 크로폿킨 활동의 주 무대가 되었다. 그는 프랑스어 선전 선동 활동에 핵심역량을 쏟아부었다. 1879년 2월 크로폿킨은 주변의 도움을 받아 신문 『반란자(Le Révolté)』를 출간했다.

크로폿킨이 창간한 신문 『반란자(Le Révolté)』

---

24) 소피야 그리고리예브나 크로폿키나(1856~1941). 키예프에서 태어나 톰스크에서 어린 시절을 보냈으며 스위스에서 유학하였다. 번역가로 활동하였으며 크로폿킨에 관한 『회상록』을 집필하였다.

1881년 스위스 정부는 러시아 정부의 요구에 따라 위험한 혁명가인 크로폿킨에게 스위스를 떠날 것을 명령하였고 그는 프랑스로 이주하였다.

　1882년 12월 22일 크로폿킨은 리옹의 무정부주의자들과 함께 리옹 폭발을 조직했다는 죄목으로 프랑스 경찰에 체포되었다. 1883년 1월에 리옹에서 재판이 열렸다. 러시아 정부의 압력으로 크로폿킨은 그 당시에는 이미 존재하지도 않았던 '인터내셔널 소속'이란 죄목으로 5년 감금형을 선고받았다. 프랑스 의회의 좌파 의원들의 항의에도 법원의 판결은 바뀌지 않았고, 헤르베르트 스펜서, 빅토르 위고, 에르네스트 레낭, 스윈베른 등 당시 저명한 사회 활동가들의 청원서도 도움이 되지 못했다. 재판을 받기까지 그리고 재판 후 두 달 동안 크로폿킨은 리옹 감옥에 수감되었다.

　3월 중순 크로폿킨은 리옹 재판에 따라 22명의 죄수와 함께 클레르보 중앙감옥으로 이감되었다. 1년 동안의 수감생활로 그의 건강 상태는 악화하였다. 옆구리 통증, 괴혈병, 말라리아가 그를 괴롭혔다. 그러나 수감 기간 내내 그를 돌보았던 아내의 노력 덕분에 크로폿킨은 좀 더 나은 배식을 받았고 일할 기회를 얻었다. 클레르보에서 크로폿킨은 논문 '지리는 어떠해야만 하는가(1885년 저널 『19세기(The Nineteenth Century)』에 최초 발표)'를 영어로 집필하였다. 1886년 1월 중순 좌파 의원들과 다수의 사회 활동가들의 청원 덕분에 크로폿킨은 석방되었다.

크로폿킨이 그린 클레르보 감옥 전경
(크로폿킨은 1883년부터 1886년까지 이 감옥에 수감되었다)

1883년 크로폿킨이 그린 클레르보 감옥 내 감방

1900년경의 크로폿킨

1886년 봄 크로폿킨은 가족과 함께 영국으로 이주하여 1917년까지 거주하였다. 영국에서 크로폿킨은 '영국 백과사전'과 계속 협력하였고, 1875년부터 1911년까지 러시아 지리에 관해 '러시아(Russia, 1908년)', '코사크인(Cossacks, 1911년)' 등의 여러 논문을 백과사전에 실었다. 가장 의미 있는 것으로 평가되는 논문 '시베리아(Siberia, 1902)'는 카자크군 대위로 재직하면서 크로폿킨이 직접 발견하고 연구한 결과물을 바탕으로 한 것이다.

1897년 크로폿킨은 캐나다를 방문하였고 캐나다와 시베리아의 지질학적 유사성에 대한 생각을 발표하였다.

1912년 유럽, 미국, 오스트리아의 무정부주의자들은 크로폿킨의 칠순을 성대하게 기념하였다.

1912년 12월 9일 크로폿킨의 칠순 기념행사를 알리는 포스터

    1914년 제1차 세계대전 초에 크로폿킨은 『러시아 통보』 지면에
안탄타[25)]에 대한 찬성을 분명하게 밝혔다.

---

25) 제1차 세계대전 때의 독일에 대항한 연합을 일컫는다.

1917년 스웨덴 하파란다의 크로폿킨

2월 혁명과 크로폿킨

1917년 2월 혁명 이후 그해 5월 74세의 크로폿킨은 러시아로 귀국한다. 1917년 5월 30일 2시 30분 크로폿킨은 페트로그라드(현 상트페테르부르크)의 핀란드 역에 도착하였다. 역에서는 군 장관 알렉산드르 케렌스키[26)와 2월 혁명 이후 노동자-군인 소비에트 페트로그라드 위원회 위원이 된 오랜 친구 니콜라이 차이콥스키가 그를 기다리고 있었다. 언론에서는 나이 든 망명가의 도착을 떠들썩하게 알

---

26) 알렉산드르 표도로비치 케렌스키(1881~1970). 러시아의 정치가이다. 사상적으로는 사회혁명당 온건 좌파에 속하였고 임시정부에서 법무장관·육군장관·해군장관을 지냈다. 7월 혁명 후 총리 겸 러시아군 총사령관이 되었으나 코르닐로프 반란으로 망명하였다. 1940년 이후 만년에는 미국에 있으면서 『회상록』을 집필하였다.

렸다. 크로폿킨은 사회 각계각층 인사들로부터 귀국 축하를 받았다. 6월 17일 세묘노프 부대원들의 환영에 답하며, 크로폿킨은 자신이 과거에 썼던 국방 관련 논문이나 서신에서 항상 이야기했던 것처럼, 그들에게 "첫째, 우리가 일궈낸 혁명이 우리에게 준 것을 잘 보존하고 독일과 오스트리아 황제들이 우리의 귀중한 자유를 빼앗지 못하도록 할 것, 둘째, (…) 군인들이 열심히 노력한 덕분에 모두가 복리를 달성하고 새로운 사회적 삶의 건설과 발전에 의식적으로 참여할 완전한 기회를 얻을 수 있도록, 새로운 형태의 삶의 건설에 착수할 것"27)을 강조하였다.

2월 혁명 이후 우후죽순처럼 생겨난 위원회, 단체, 협회는 크로폿킨의 이름을 내세우려고 노력하였다. 6월 22일 상이군인들로 이루어진 의용군부대 조직위원회는 그를 명예 회원으로 내세우기도 했다.

7월 3~4일 페트로그라드에서 볼셰비키들이 조직한 무장 시위가 열렸다. 1917년 6월 제1차 전 러시아소비에트대회에서 선출된 전 러시아 집행위원회는 이를 '볼셰비키의 음모'로 규정하면서 임시정부의 '무제한적 전권'과 '무제한적 권력'을 인정하였다. 7월의 위기는 이중권력에 종지부를 찍었다. 새로운 정부를 이끌었던 것은 사회혁명당원 알렉산드르 케렌스키였다. 페트로그라드는 비상사태를 선포하였다. 볼셰비키들의 체포가 시작되었다. 무장봉기를 조직했다는 혐의와 독일 스파이라는 혐의를 받은 레닌은 몸을 피해야만 했다.

7월 위기 이후 알렉산드르 케렌스키는 크로폿킨에게 임시정부로

---

27) Pis'mo P. A. Kropotkina s obrashcheniem <Tovarishch> s blagodarnost'ju za vstrechu pri priezde v Petrograd, o zadachakh russkoj revoljutsii. Chernovik. 17 ijunja 1917 goda. ─ GARF. f. 1129, op. 1, d. 730. ─ s. 6.

들어올 것을 제안하였다. 크로폿킨의 1917년 7월 20일 일기에는 "A. F. K.(알렉산드르 케렌스키-필자)가 다녀갔다."라는 내용과 더불어 행간에 '거절'이라고 쓴 내용이 엿보인다. 다른 사람들의 증언에 따르면 케렌스키는 크로폿킨에게 원하는 어떤 자리라도 승낙하겠다고 말하는 등 그가 임시정부에 합류하도록 막대한 노력을 기울였다고 전한다. 하지만 크로폿킨은 임시정부가 제안한 공직이나 연간 10,000 루블의 연금을 모두 거절하였다. 크로폿킨은 2월 혁명과 러시아 무정부주의자들 - '모든 것이 허용된다는 식의 무례하고 방종한 젊은 이들' - 과의 만남에 매우 절망하였다고 한다.

1917년 8월 국가회의에 참석하러 가는 크로폿킨(모스크바)

1917년 8월 중순 크로폿킨은 A. F. 케렌스키 임시정부 수상의 발의로 소집된, 임시정부의 입지를 공고하게 하려는 목적으로 만들어진 회의에 참석하였다. 회의는 모스크바 소재 볼쇼이 극장에서 1917년 8월 12일부터 15일까지 열렸다. 회의 석상에 '자유주의 운동' 활동가들인 크로폿킨을 비롯해서, E. K. 브레시코바-브레시콥스카야, G. A. 로파틴, G. V. 플레하노프, N. A. 모로조프 등이 참여하였다. 크로폿킨은 평화적이고 점진적인 발전을 지지하는 발언을 하였다. 그는 혁명을 위하여 계급의 평화가 필요하다고 주장하면서 '최후의 승리까지' 투쟁을 계속해야 한다고 '전 러시아 민중'에게 호소하였다. 크로폿킨을 매우 존경하였고 그를 무정부주의의 주창자 중 한 명으로 간주하였던 우크라이나 무정부주의-공산주의자 네스토르 마

1917년 모스크바 국가회의에 참여한 크로폿킨(왼쪽은 파벨 말류코프)

흐노[28])는 크로폿킨이 국가회의에 참여했다고 맹렬히 비난하였다.

1917년 7월에 최고사령관이 된 L. G. 코르닐로프[29])는 프롤레타리아 무장 부대들을 진압하고 소비에트를 해체하여 군사 독재를 수립할 목적으로 8월 25일 전선에서 페트로그라드로 군대를 이동하였다. 이에 케렌스키는 코르닐로프를 반란자로 천명하고 직위 해제하였다. 케렌스키의 이런 행동은 페트로그라드 수비대와 발트함대, 볼셰비키의 지휘하에 있던 붉은 근위대 노동자 부대의 지지를 받았다. 결국, 8월 30일 코르닐로프 군대는 이동을 멈추었고 그는 체포되었다. 바로 그 날 케렌스키는 최고사령관의 자리를 올랐다. 우파의 반란이 실패하면서 급진좌파의 혁명 역량이 강화되었다.

1917년 10월 16일 문화계몽 단체 '인민의 과업(Narodnoe delo)'은 V. G. 코롤렌코, F. I. 샬랴핀, I. A. 부닌, N. V. 차이콥스키 등과 함께 크로폿킨을 창립 회원으로 초빙하였다.

10월 혁명과 크로폿킨

크로폿킨은 10월 혁명을 모스크바에서 지켜보았다. 혁명 발발 이틀 전에 무정부주의자 A. M. 아타베캰은, 크로폿킨이 무자비한 계급혁명과 '거리의 볼셰비즘'으로부터 노동자를 수호하는 무정부주의적 사회주의 혁명을 이끌어줄 것을 호소하는 내용의 '크로폿킨에게 보

---

28) 네스토르 이바노비치 마흐노(Nestor Ivanovich Makhno 1888∼1934)는 10월 혁명 이후 볼셰비키에 협조하기를 거부한 우크라이나의 아나키스트 혁명가이며, 러시아 내전 (1917∼1922) 중 우크라이나의 붉은 반란군을 지휘하였다. 『회상록』을 남겼다.

29) 라브르 게오르기예비치 코르닐로프(1870∼1918). 러시아 제국의 장군으로 1917년 8월 말 백위군 반혁명 반란을 이끌었던 인물이다.

내는 공개서한'을 발표하였다.

모스크바 무장봉기는 10월 25일에 시작되었고 11월 초에 이르러 볼셰비키들은 도시를 장악할 수 있었다. 크로폿킨은 그 당시 시내 중심에 살고 있었고 혁명이 어떻게 진행되어 갔는지를 정확하게 지켜보았다. 혁명의 산증인인 셈이다.

10월 혁명에 대한 크로폿킨의 태도는 대단히 복합적이었다. 그는 부르주아 타도와 소비에트 권력의 수립에 대해서는 환영했지만 당 중앙으로 권력이 새롭게 집중되는 것에 대해서는 심히 우려했다. 권력을 장악한 당은 그 권력을 그 누구와도 나누지 않으려 할 것이며, 여기서 중요한 것은 민중에게도 그 권력을 양도하지 않으려 할 것이기 때문이다. 반면 혁명이란 전 인민적, 전 계급적 사업이 되어야만 한다는 것이 크로폿킨의 생각이었다.

볼셰비키들은 크로폿킨에게 크렘린 안에 집을 마련해 주겠다고 제안했으며, 배급 또한 권력 핵심부와 동일하게 지급하겠다고 제안하고는, 이러한 제안을 거절하지 말도록 크로폿킨을 설득해 달라고 그의 아내에게 당시 인민위원이었던 A. 루나차르스키가 서한을 보내기도 했다. 그러나 크로폿킨은 모든 원조를 완강히 거절하였다. 크로폿킨은 세 번이나 이사해야 했는데, 그가 거주했던 '과거 부르주아'의 집들이 몰수당하였기 때문이었다.

작가 보리스 파스테르나크의 아버지 레오니드 파스테르나크가
그린 크로폿킨의 초상(1918년)

드미트로프에서 크로폿킨

1918년 여름 크로폿킨은 인민위원회 의장 레닌이 서명한 '특별
보호' 증명서를 받아서 모스크바 근교 드미트로프(모스크바로부터

65㎞ 떨어진 거리에 위치)에 아내와 정착하였다. 그 증명서에는 이렇게 적혀 있었다. "이 증명서는 표트르 알렉세예비치 크로폿킨이 거주하게 될 곳의 소비에트 당국이 그에게 여러 편의를 제공해 줄 의무가 있다는 것, 그리고 이 도시의 소비에트 당국 대표자들이 표트르 알렉세예비치(크로폿킨-필자)의 생활이 편안할 수 있도록 모든 조처를 해야만 한다는 것, 이 두 가지 사항에 대해 가장 유명한 러시아 혁명가에게 발급된 것이다……."

1918년 드미트로프의 집 마당에서의 크로폿킨과 그 아내

크로폿킨의 발의로 세워진 드미트로프의 향토박물관 직원들과 함께

작가 레프 톨스토이의 친구인 M. A. 올수피예프 백작은 과거 드
보랸스카야가(街)에 있던 황폐해진 자신의 집을 상징적인 값만 받고
그에게 팔았다. 어려운 생활 여건에도 불구하고 크로폿킨은 활발하
게 사회 활동을 펼쳤고, 특히 드미트로프 협동조합연맹이 주 무대가
되었다. 동시에 크로폿킨은 『윤리학』을 집필하였다. S. N. 마르코프
는 '무정부주의 공작' 크로폿킨의 드미트로프 시기에 대해 '드미트로
프의 크로폿킨(1919)'이란 시를 헌정하기도 했다.

크로폿킨이 말년을 보냈던 드미트로프의 집

죽음과 그 후

1921년 초 크로폿킨은 폐렴을 심하게 앓았다. 레닌의 지시에 따라, 보건성 인민위원 N. A. 세마시코와 V. D. 본츠-브루예비치는 당시 가장 실력 있는 의사들을 대동하고 그를 찾아갔다. 크로폿킨에게 특별식과 영양보충을 제안하였다. 하지만 그는 어떠한 특권이나 특별 대우도 원치 않았고 특별식도 거절하였다.

크로폿킨은 1921년 2월 8일 밤 78세의 나이로 숨을 거두었다. 다음 날인 2월 9일 중앙 신문들은 첫 줄에 '전제와 부르주아 권력에 대항한 혁명 러시아의 강인한 노(老) 전사'의 죽음을 알리는 노동자-농민-적군 대의원 모스크바 소비에트 상임위원회의 부고를 실었다.

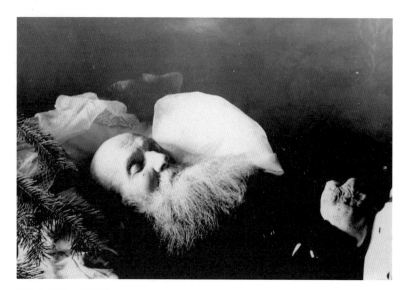

영구대 위의 크로폿킨

드미트로프 집의 조문 행렬

2월 10일 드미트로프에 특별 장례 기차가 도착하였다. 크로폿킨의 관은 모스크바로 옮겨졌고, '동맹의 집(Dom sojuza)'에서 장례식이 열렸다. 사흘 동안 진행된 크로폿킨의 장례식에는 수만 명의 일반인이 조문하였다. 관 옆에는 무정부주의자들이 서 있었고 그들 중에는 자신들이 지도자로 모시던 크로폿킨의 장례식에 참석하기 위해 법을 지키겠다고 굳게 약속하고 감옥에서 가석방된 이들도 있었다.

2월 10일 특별 기차에 관을 싣는 모습

'동맹의 집'에서 열린 크로폿킨 장례식 장면

크로폿킨을 조문하기 위해 줄을 선 모스크바 프레치스텐카 거리 모습

1921년 2월 13일 크로폿킨은 노보데비치 수도원에 안장되었다.

노보데비치 수도원의 크로폿킨 묘

드미트로프 크로폿킨가(街)에 있는 크로폿킨 동상

참고문헌

가세트, 오르테가 이. 『대중의 반역』. 황보영조 역. 고양:역사비평사, 2015.

도스토옙스키 F. 『죽음의 집의 기록』, 이덕형 역. 경기: 열린책들. 2000.

랴자놉스키, 니콜라이 V. 『러시아의 역사 1801-1976』. 김현택 역. 1986.

샬라모프, 바를람. 『콜리마 이야기』. 이종진 역. 서울: 을유문화사, 2015.

솔제니친, A. 『수용소군도』. 김학수 역. 서울: 열린책들, 1995.

_____ 『암병동』. 동완 역. 서울: 중앙미디어, 1995.

_____ 『이반 데니소비치의 하루』. 이동현 역. 서울: 문학동네, 1999.

애플바움, 앤. 『GULAG』, GAGA 통번역센터 역. 서울: 드림박스, 2004.

이정식. 『시베리아 문학기행』. 서울: 서울문화사, 2017.

이철. 『시베리아 개발사』. 서울: 민음사, 1990.

톨스토이 L, 『부활』.이철 역. 서울: 중앙출판사.1992.

푸코, 미셸. 『감시와 처벌』. 오생근 역. 서울: 나남, 2003.

체호프 A. 『사할린 섬』, 배대화 역. 서울: 동북아역사재단, 2013.

한정숙. 『시베리아 유형의 역사』. 서울: 민음사, 2017.

Кеннан, Джордж. *Сибирь и ссылка.* Санкт-Петербург: Русско-Балтийский инфо рмаตионный центр БЛИЦ. 2017.

Марголис, А. Д. *Тюрьма и ссылка в императорской россии.* Москва: Лант ерна и Вита, 1995.

Кропоткин, П. А. *Тюрьмы, ссылка и каторга в России.* Санкт-Петербург. 1908.

Горюшкин, Л. М. отв. ред. *Ссылка и каторга в Сибири(XVIII- начало XX века).* Новосибирск: Издательство <Наука>, 1975.

김상원

한국외국어대학교에서 학사와 석사를, 모스크바국립대학교에서 경제학으로 박사학위를 취득했다. 한국외국어대학교 러시아연구소에서 연구교수로 근무했으며 현재는 국민대학교 유라시아학과 교수로 재직 중이다. 아시아중동부 유럽학회 국제섭외이사, 한국비교경제학회 연구이사로 활동하고 있다.

『한국의 에너지 전환과 북방경제협력』, 『우크라이나 사태 이후 유라시아』, 『유라시아경제연합: 지역통합의 현실과 전망』 등을 공저로 저술했다.

주요 논문으로는 〈카자흐스탄의 경제 성장과 다각화 전략〉, 〈경제 제재와 러시아 경제의 변화〉, 〈중국의 일대일로와 중앙아시아 경제 변화〉, 〈한국의 에너지 정책 변화와 러시아 LNG 도입에 대한 소고〉 등이 있다.

김은희

한국외국어대학교 노어과와 동 대학원을 졸업하고 모스크바국립대학교에서 20세기 러시아 문학사를 연구, 알렉산드르 솔제니친으로 박사학위를 받았다. 청주대학교 학술연구교수로 재직 중이며 러시아 문화와 문학에 관한 글을 발표하고 있다.

번역서로는 『현대 러시아문학과 포스트모더니즘 제1, 2권』, 『에스키모인 이야기』, 『야쿠트인 이야기』, 『부랴트인 이야기』, 『유카기르인 이야기』, 『북아시아 설화집』, 『겨울떡갈나무』, 『유리 나기빈 단편집』, 『금발의 장모』 등이 있으며, 저서로는 『프롬나드 인 러시아』, 『그림으로 읽는 러시아』, 『나는 현대 러시아 작가다(공저)』, 『내가 사랑한 세상의 모든 음식(공저)』, 『민족의 모자이크, 유라시아(공저)』 등이 있다.

주요 논문으로는 〈사회주의 유토피아에 대한 미학적 회의(懷疑)로서 A. 플라토노프의 『행복한 모스크바』〉, 〈〈미스테리야-부프〉에 나타난 종말-혁명-유토피아〉, 〈『소네치카』의 서사구조와 고전의 귀환〉, 〈〈에고〉에 나타난 서술형식과 솔제니친의 역사 인식〉 등이 있다.

러시아의
감옥과 유형,
그 리 고
강제노동

초판인쇄 2020년 2월 28일
초판발행 2020년 2월 28일

지은이 P. A. 크로폿킨
옮긴이 김상원·김은희
펴낸이 채종준
펴낸곳 한국학술정보㈜
주소 경기도 파주시 회동길 230(문발동)
전화 031) 908-3181(대표)
팩스 031) 908-3189
홈페이지 http://ebook.kstudy.com
전자우편 출판사업부 publish@kstudy.com
등록 제일산-115호(2000. 6. 19)

ISBN 978-89-268-9841-3 03360